JN293737

平松洋子

鰻にでもする？

筑摩書房

もくじ

はっとする味

鰻にでもする？

なくてはだめなのだ、もう

日常のすきま

写真　日置武晴
アートディレクション　有山達也
デザイン　中島美佳（アリヤマデザインストア）

はっとする味

醤油

一滴か二滴か。油断禁物

わさびを醤油にとく。それとも、わさびをのせた刺身を醤油につける。さて、どっちが刺身はおいしいか。これはもう世論沸騰、みぎひだりに袂を分つところだが、結局は「時と場合とお好みしだい」の鞘におさまるほかない。ただし、醤油の立場に立ってみればおちおちそうも言っていられない。だって、わさびをといたあとの醤油は、すでにほんらいの醤油の味とはおおきく違っているのだから。

そもそも醤油は、それじたいがおいしい。もうとんでもなくおいしい。

あらためて醤油をぺろり舐めてみれば、思わず動転するほど過剰なうまみが舌先に現れる。「わたし調味料です」と台所の役割分担を隠れ蓑にしているが、じっさい醤油にそなわったうまみ、おいしさというものは気恥ずかしくなるほど華やかで強引だ。侘び寂びなぞ遥か彼方、醤油わずか一滴二滴たちまちあでやかな秋波をふりまく。

だからこそ、醤油がなければ。そんな味がいくつもある。

卵ごはん。焼きおにぎり。山かけとろろ。焼きなす。すじこ。焼き海苔。干もの。焙った厚揚げ。磯辺焼き。もちろん刺身。まぐろの赤身など、醬油の風味を欠けばおいしさは半減だ。醬油ちょろり、溶き卵のからんだごはんも熱いなすもこんがり香ばしい干ものもそれぞれに持ち味は水際だち、おおきく花開く。

そうなのだ。ここが醬油のえらいところ。自分だけ賢いところにちんまりおさまらず、関係各位の巧みもいっしょに引き上げる。おそるべき希有な才能の持ち主なのである。

けれども。天才はときとして疎んじられもする。相手を無惨に殺してしまうことがあるから。からすみ。枝豆。銀杏。生がき。とんかつ。どれにも醬油は天敵だ。または、冷や奴。醬油は冷や奴につきものだが、大豆のしみじみとした甘さを踏みにじらぬよう、できうる限り最少にとどめなければ。または、おひたし。ときおりほうれんそうや三つ葉のおひたしに醬油をじょろっと回しかける様子を目撃すると、襲いかかって醬油差しを奪い取りたい衝動に駆られる。あれはいけません。もろとも醬油まみれ、味も香りも色もすべてが醬油一色になぎ倒される。

何年かまえのことだ。沖縄・大宜味村で暮らすおじいが昼ごはんをつくってくれるというので、いっしょに台所に立ったことがある。

「チャンプルーはわしの得意料理さあ」

ちぎった島豆腐を炒め、ゴーヤーともやしを炒め、溶き卵を回しかけ、泡盛と塩をふり、醬油差しを握る。と、そのとき。おじいはこちらを振り返って言った。

「醬油はよ、ほんの香りづけよ」

味をつけるのではない、香りをつけるだけにとどめる。それがおじいの流儀だ。続けて、言った。

「内地の料理、あれは味が濃すぎてよう食べこなせん。なんでもかんでも醬油の味ばっかりしようる」

おなじせりふを、私は沖縄のあちこちで繰り返し聞いたものだ――「味つけを醬油に頼ってしまうと、料理がだいなしになる。醬油はほんのり香るくらいがちょうどいい」

蒙を啓《ひら》かれた。なるほど沖縄で食べるチャンプルーもそーみんたしやーもソーキ汁も、つかう醬油はごくわずか。もしくは、内地なら醬油を当然のようにつかうところを、醬油なし。しかし、そのぶん素材の風味やだしの味わい、塩のうまみでちから強く迫る。

そうだったのか。

「醬油をつかわないのも、醬油を生かす道のひとつ」。そんな禅問答のようなせりふさえつぶやきながら、襟を正して醬油ほんらいの華やかなうまみを再認識したというわけなのだった。

ちょろり。たらり。ほんの一滴、二滴。

醬油のかげんは存外むずかしい。うっかり油断してはいけない。醬油は万能調味料というけれど。

パセリ
「つけ合わせ」以上の美学

ぷらりと食堂に入る。定食が食べたくなって、メンチカツかコロッケかさんざん迷ったあげく、急遽浮上したあじフライで手を打つ。さあ、白い皿のうえにあじフライ、キャベツのせん切り、トマトのくし形切り、ケチャップで炒めたスパゲッティ。脇にひょっこり、深緑いろ。

パセリである。

画竜点睛とはこのこと。お飾りなのは見え見えだというのに、圧倒的な存在感。皿のうえの風景がぎゅっと引き締まっている。先頭を切ってキャベツとトマトとスパゲッティを率いているのだ。では試しにパセリをつまんで、いったん退場させてみるとしましょう。ほら、とたんに皿のなかの核心がぼやけて拡散する。

皿のなかに力学を与える。いってみれば、これがパセリの美学である。「つけ合わせ」以上、ぱちっと一点、鮮やかな焦点を生み出す。

ところがその焦点は、同時に疑惑の焦点でもあります。

赤いスパゲッティの隣、深緑のもしゃもしゃをじいっと見つめ、問うてみる。

あのう。あなたはいつ、どこからいらっしゃったのですか。ついいましがた冷蔵庫から出てきたの。それとも、どこぞの皿からお戻りでしょうか。もしそうだとしたら、こんかい何度めの出戻りでしょうか。いえ、けっして腹なんか立てたりしません。真実がわかりさえすれば、それでもう。

「……」

しかしパセリは微動だにせず押し黙っているからいっこうに埒《らち》が明かず、疑惑は深まるいっぽうだ。

残念だが、もはやこれまで。身の潔白は証明されないまま時間切れ、もしゃもしゃは疑惑と逡巡のカタマリと化して哀れ、皿のうえにぽつんと置き去り。

とはいいながら、パセリを蹂躙してしまった自責の念はボディブロウのように効いてくる。人の道として間違いだろう、疑惑だの逡巡だのと格好をつけず黙ってぜんぶ食べろ。自分で自分を叱り飛ばしてうなだれ、その反動だろうか、ときおり狂ったように大量のパセリを嚙みしめたくなる。

片手に余るほどの刻みパセリ入りオムレツ。パセリまみれのサラダ。ほとんど緑いろのピラフ。パセリだけの天ぷら……その味わいの豊かさ尊さこそ、パセリの本分である。

きっと、ちまちま食べるからいけないのです。歯と歯のあいだで正体なくきしきし軋むひょろりと情けないひとつまみ、あれはだめ。うっかりアルミ箔を嚙んだ瞬間にも似て、ぎゃくに歯の根が浮き足立つ。味がないとか苦いだけとか、はたまた出戻りではなどと見誤ってしまう。パセリは断固「つけ合わせ」の位置に甘んじているような輩《やから》ではない。

みっしり、ぎゅうと嚙む。思い切ってどっさり嚙みしめてみる。すると、苦い暗闇の向こうからじわじわ、そののちいっせいに歓喜の光が輝き弾け、苦みはおびただしいうまみに転生する。肉厚で、がしりと骨格たくましく、したたかに味蕾を捉えて含みがふかい。しょっぱさ、甘み、えぐみ、ほろ苦さ……みずみずしい深緑を頰張り嚙みしだくうち、まるで滝に打たれたかのように味覚のすみずみが照らされ、丹念に掘り起こされる。それほどの剛の者だから、皿の脇にちょこなんと座らされても、鮮やかな焦点を結んでみせるのは朝飯まえの芸当なのだ。

食べてごらん、驚くよと農家のおじさんに背中を押され、畑のパセリを手折ってもしゃもしゃの頭に喰らいついたことがある。むしゃむしゃ、しゃくしゃく、青空のもと口蓋から耳へ小気味よく抜ける音を聴きながら思った。なあんだ、きみはあんがい陽気な奴なんだな。勝手に垣根をこしらえていたのは、こっちだった。

酸いも甘いも嚙み分けたおとなであればあるほど、パセリの本懐を真正面からひるむことなく受け止める。だってちゃんと知っているのだもの。苦さの果ての、そのつぎのよろこびを。

魚の骨

ゼラチン質をまとう

ちゅっ、ちゅうちゅう。不意に音が立つ。すこし興奮する。

相手は魚の骨である。

くちびるのあいだでぶしつけに鳴る音に、動悸が起る。なにしろふだんは蜘蛛の糸のように細心の注意を張りめぐらせているのだもの。やれ、こぼさないように、やれ、汚さないように、散らかさないように、落とさないように、音がしないように。

けれども魚の骨が相手では、そうはいかない。たとえば甘鯛。骨のまわりに複雑にねっとりからみつくゼラチン質のうまみこそ、甘鯛の真骨頂だ。だからこちらも、本能のおもむくままにしゃぶりつきたい衝動に駆られる。最初は箸を使っていても、あらかた身を食べ尽くせば、もうまどろっこしい。

(シツレイしますっ)

誰に断る必要もないのに、いちおう胸のうちで失敬したら、それゆけ!

指で骨をつまみ上げ、舌さきには神経を集め、我を忘れて太い骨、小骨の脇。あいだ。裏がわ。

でこぼこ。継ぎめ。根もと。一心不乱に集中する。琥珀色の一本一本、ひとかけらひとかけら、ちゅっ、ちゅうう。ときおり空気を裂く鋭い音もうれし恥ずかし、口をきくのも忘れて没入してゆく。

アラ煮。かぶと煮。またはアラ汁。潮汁。骨酒。どれもこれも、魚の骨あればこそ。かつおだしや昆布だしでは敵《かな》わない。骨のだしがくわわれば、そこに現れるのはドスのきいた野生のうまみだ。

または、鯛や秋刀魚、鰺、かますの炊きこみごはん。魚を入れて炊くと臭みが出ると怖じ気づく向きもあるけれど、なに、ちっとも心配はいらない。たったひと手間かければよいだけのこと。魚はあらかじめ焼いてから。つまり、骨にしっかり火を通してから。すると、ご心配の魚臭さが消え、かわりに香ばしさが参入する。いざ炊き上がったら骨だけするりと取りだし、こんどはあらかじめ焼いてほぐしておいた身をさっくり混ぜこむのだ。

あら不思議！　どこにもすがたはないのに、米ひとつぶずつ、骨のだしが濃く、深く、滲み出ているではないか。

ところで、当然ながら魚の骨にはそれじたいの味がある。

煮干しをぼりぼり食べてみれば、よくわかる。かさりと乾ききって空気のように軽いのに、噛みしめるたび骨の芯あたりから、ぐっ、ぐっ、しぶとい味が噴きだす。苦いように思われて、ほの甘い。塩っぽいのに複雑。えぐいはずなのに、ふくよかだ。だから、ついあとを引く。

シブイなあ、煮干しは。あれほど乾いているのに、そのじつ噛んでみれば味は妙に生々しい。

すっかり枯れたと見せかけて、ほんとうは激しいのだ。

ははぁ。ひとりうなずく。これが骨の正体というものだろうか。干涸《ひから》びていっさいの娑婆っ気と縁を切ったはずなのに、骨はいぜん生きている――。

じつは、わたしはどじょう鍋を食べるたび、骨の味わいというものに思いを馳せる。どじょう鍋は「丸」か「抜き」か。好みの分かれるところだが、どじょうの醍醐味は、骨を抜かずにそのまま煮る「丸」に尽きる。甘辛いだしでくつくつ煮て、刻んだねぎを盛り上げ、煮えばなを舌にのせると……。

ぷちり。

噛むなり、歯と歯のあいだでかすかにきしむ骨。噛みしだけば、かぼそい骨が消え入りそうな、しかし確かな音を立てて口蓋に響く。そうして、やわらかな身としなやかな骨が、だんだん混じり合ってひとつになる。はっと息をのむ。骨の音は、まるごといのちを食べる音なのだ。

切り身ばかり食べていては、魚のほんとうには出逢えない。まさに骨抜き、骨の失われたやわな切り身からは、すでに魚の真味は消えている。

さあ、ここであの昭和の名歌謡を、いまこそすべての魚たちからあなたへ！　魅惑の低音、城卓矢が熱唱します。

♪「骨まで愛して」

ドライフルーツ
失って得るものがある

チューインガムを嚙むのは苦手だ。はじめは悪くないのだが、しだいに腑抜けになってゆく。歯ごたえも嚙みごたえも、最初はそれなりの味もあったのに、着実にへなへなの一途を辿るから興醒めだ。いくら長持ちしても、けっきょくは残骸が身の置きどころなく口中に居座る感じがどうしても情けない。

ところが、嚙むほどにぐんぐん底ぢからを発揮する伏兵がいる。ドライフルーツである。

ドライフルーツはすごい。レーズン数つぶ、口のなかにぽんと放りこんでごらんなさい。立ちどころにわしわし、がしがし、こちらが真剣に嚙んで味わう体勢に入らなければ敵うものではない。がっぷり四つに組んでかからなければ相手にしてもらえない、そんな悠然とした風情である。

なぜかな。

それは、あらかじめほとんどの水分を失っているからではなかろうか。

フルーツにはたいてい七、八割の水分が含まれているが、そしてそのみずみずしさこそフルーツの命なのだが、ドライフルーツときたら肝心の水分があらかじめほとんどない。ようするにかつての若さも新鮮さもない、媚びもへつらいも失せ果て、もはや完璧な諦念の世界。

だから、むやみに堂々としているのです、ドライフルーツは。

ただし、胸を張るにふさわしい手持ちの理由は満載だ。水分も減り、そのぶん嵩《かさ》も減り、とうぜん重さもぐっと減る。だから植物繊維がたっぷり。カルシウム、カリウム、マグネシウム、鉄、亜鉛、銅……ミネラル分はフレッシュなときよりずっと多い。乾いているからよく嚙むことになり、歯にも脳にも（たぶん）いい。

ぎゃくに、ドライフルーツが苦手だというひとは、こういう意味ありげな性格が鬱陶しいんだよねということになる。

さて、ドライフルーツのおいしさに開眼したきっかけは忘れもしない、北京の家庭を訪れた夕方だった。

「まあまあ遠路はるばるようこそ」

応接間に誘われ、老婦人がいそいそお茶と漆の菓子箱を運んできてくれた。

「なにもないけれど、遠慮なくつまんでちょうだい」

福々しい指で蓋が開けられると、桃、なつめ、くこ、さんざし、キウイ、りんご……色とりどりのドライフルーツがぎっしり並んでいた。ひと目見て乾きかたが絶妙だと直感した。かちかちに乾燥させただけのハンパものとはまるで違う。水気がないのに、きちんと残された水気を感じるといえばよいか。だから、気がついたらぐいと膝を乗り出し、ひとつずつ熱心に味わいにかかっていた。

以来、ドライフルーツに目覚めた。ブルーベリーが視力回復に効く（らしい）と聞けば買いに走り、鉄分補給によいと聞けば良質の乾燥プルーン探しに精出す。いっときは、乾いてなお酸味のきりっと際立つアプリコットに夢中になった。へにゃりと扁平な楕円を噛むと、強靭な繊維の束が歯を押し返して、たじろぐ。うつくしい柑子《こうじ》色なのに、その枯れたしぶとさがたまらない。だから、やみくもに攻略したくなる。ドライフルーツ殺すにゃ刃物はいらぬ。ただ酒があればいい。なに、たいした話ではない。好みのドライフルーツにスパイスを数種類合わせて保存瓶に入れ、そこへ酒をどぼどぼ注ぐ。ラム、ブランデー、またはワインのときなら少し小鍋で煮ると馴染む。寝かせて熟成させておくだけで手間いらず。まあ見てらっしゃい。密かにほくそ笑んで陶酔に浸る。

深夜、ふと思い立って漬け汁をこっそりすくい出し、ひと匙舐めてみる。ねっとり、とろんと絡め取られる。

（ああやっぱり！）

ドライフルーツが密かに隠し持っていた過剰な濃密に腰くだけ。

タジン
砂漠の国の知恵のたまもの

コブラ遣い。大道芸人。絨毯売り。音楽屋。軽業師。水売り。朗読屋。ベルベル人のヘンナ描き。オレンジ搾り屋。金細工売り。マラケシュのジャマエルフナ広場にはアラビアンナイトの絵巻がそのまま、息詰まる混沌と濃密な色彩をともなって視界いっぱいに広がっていた。

その夕暮れどきは、広場を抜けた路地から城壁に囲まれた旧市街地、スークへ入った。蜘蛛の巣のように縦横に走る迷路を巡っていると、いつのまにか方向感覚を失《な》くす。気を抜くと迷子になり、あげく城壁のなかに幽閉されてしまう。

ふたたび絵巻の世界が目前にあらわれる。香草屋。菓子屋。羊肉屋。花屋。薬屋。乾燥果実屋。洋服屋。真鍮細工屋。石鹸屋。木工雑貨屋。煙草屋。スークの路地の両側にぎっしりと軒を並べており、そこをむりやりロバが通る。

なんの気なしにのぞいた絨毯屋で足止めを喰らい、歯が溶けるほど甘いミントティを際限なく注がれながら「気に入ったか」「これならどうだ」、延々十数枚披露されたのち、ようよう解放してもらって外に出て歩きはじめたら、路地の角で奇妙な風景に出合った。

六個の七輪のうえ、ずらり横並びになって湯気をたてている茶色のとんがり帽子が六つ。

（あれはなんだろう）

訝しみながら近づく。すると、スークを吹き抜ける夕風に煽られた暴力的なまでに芳しいスパイスの香り！　クミンやコリアンダーの香りに混じっているのは羊肉の濃厚な芳香だ。

「ふたを開けてみせてやろうか？」

ジュラバすがたの髭づらのおじさんが聞いてくる。はい、おねがいします。おじさんが手品のような手つきでとんがり帽子を持ち上げると、そこにはとろりと煮えて角がほろほろに崩れかけた羊肉ととりどりの野菜がからみ合い、熱い湯気を立てていた。

それがタジンとの出合いである。モロッコに旅をしているあいだ、数えきれないほどタジンの料理を食べた。飽きるほど食べた。中身は肉や野菜の組み合わせしだい。あるレストランではらくだの肉のタジン、家庭ではなすやズッキーニ、玉ねぎ、じゃがいも、グリーンピース……野菜がどっさり入っていた。

地厚な陶器をそのまま炭火にかけ、じっくり待つ。

すると、じわじわ素材が蒸され、とんがり帽子の内部に湯気が溜まって水蒸気となり、ふたたびとんがり帽子のカーヴをつたって滴《したた》り落ちる。密閉された三角の空間のうちがわでみごとな循環がなされるのだ。野菜の水分や肉汁と混じり合うから、よけいな水は必要ない。あらわれるのは野菜の、肉の、凝縮されたうまみ。砂漠の国の知恵のたまものである。

旅のおわりの日、何度となく通ったスークにまた足を向けた。もうタジンなしでは帰れない。

どこかの店で買いこみ、日本まで抱えて帰ろうとこころに決めていた。

手にずしんと陶器の安定感があって、こっくりとふかい濃茶の肌合いを選んだ。執着した道具を空港で預けてしまうのが心配で、わたしは新聞紙にくるんだタジンを両手に抱えて飛行機に乗りこみ、後生大事にじぶんの足もとに置いて日本へ運んだのだった。

素材とスパイスさえあれば、あとはタジンまかせ。勝手に料理を進めてくれ、モロッコの味が食卓に出現する。使いこんだ鍋肌にはスパイスや焦げが浸み、風情も高まってきたから、よけいうれしい。

クスクスにかけて味わうたび、ジャマエルフナ広場を跳ねてゆく軽業師や、モスクの鐘の音や、コーランの響きが、つぎつぎによみがえる。あの夏は、暑いラマダンの月だった。イスラム教徒は断食月ラマダンに入ると、まいにち陽が昇ってから沈むまでいっさいの食べものを口にしない。水一滴さえも。夕陽があとすこしで沈むころになると、張りつめていた緊張がふっと緩む。そうしたらきょうの禁忌がぶじに解ける、一日待ちかねたあのよろこびが、夕暮れどき炭火にかかったタジンの芳香からたしかに洩れでていた。

骨つき
肉でも皮でも筋でもなく

骨つきカルビにはべつの名前がある。それを知ったのは、ソウルで焼き肉に齧りついているときだった。

まっ赤に熾《おこ》った炭の上で、おおきな骨をくっつけた肉が布団のように横たわっている。こんな光景を目にしたのは初めてだった。端に骨がくっついており、そこから焼き網の面いっぱいに肉が細長く伸び広がっている。

じゅうじゅう。肉の脂が火のうえに滴って粟つぶが細かく弾けるような音がひっきりなしに上がる。ときおり煙も匂いもじゅっ、じゅっ、爆《は》ぜて立ち昇る。はっと気づくと、自分の鼻がおおきくふくらんでいる。

肉ぜんたいがぷっくりふくれ焼け、ところどころに香ばしい焦げもできたころ、大胆にはさみを入れる。左手でトングを持ち上げて骨ごとわしづかみ、下に垂れた肉がはさみで端から切り分けられ、皿に配られる。おしまいに、肉が離れていったあとの骨のぶぶんも置かれる。骨が、皿に当たってこつんと硬質な音を響かせる。

矢も楯もたまらず肉に喰らいついていたら、途中で教えられた。

ほら、骨のところもこんなにおいしい。見てなさい、こんなふうにして。

焼き網の向こう側で、彼女は骨の両側を持ち、指でしっかりと横一文字に固定した。そして、やおら白い歯を見せ、がしっと骨に齧りつく。上の歯と下の歯をきっちり堅く合わせて骨にわずかにへばりついている肉片を捉え、両手で握った骨を回すようにしながら肉を剝ぎ取る。すると、気持ちよいほどするりと骨から肉がはずれたのだった。

「ここが、とくにおいしいの」

感心して口もとを見つめていると、彼女は続けたのだ。

「ハーモニカっていうの、骨つきカルビのこと。こうやって食べてるとハーモニカを吹いてる様子にそっくりでしょ」

ハーモニカと言われれば、骨にむしゃぶりつく多少の気恥ずかしさや行儀の悪さもたちまち雲散霧消して、鎖を放たれた犬さながら、目の前の香ばしい骨にひたすら没頭できるのだった。

骨にへばりついた肉、あのおいしさは比類がない。肉ともつかない、皮でも筋でもない、けれども味覚に訴える確かな強度と粘度。歯で引っ張ったりしごきながら力ずくで剝ぎ取ると、なにに対してかわからないが、勝利した気分になる。

または、骨をくっつけたままの肉塊。いよいよ焼くのだと思えば、おのずと身が震えて興奮する。王冠みたいに輪っかに仕立てた骨つきラムとか、醬油やはちみつにたっぷり浸けこんだスペアリブとか、鶏の丸焼きとか燻製とか、ただもうそれだけで祝祭の気配をふんぷんと振りまく。

洋の東西を問わず、原始の時代からの収穫や褒美の悦びが蘇るのだ。

とくに肉好きというわけでもないのに、ときおり無性に骨つきの肉が食べたくなる。もしハンバーグかスペアリブか、どちらか選べと問われたら、迷わずスペアリブだ。柔らかな挽き肉では役不足、がしっと歯やあごに抵抗を喰らわせて一歩も退かぬ堅固な骨つきがいい。それを求めるのは、自分のどこかに野性の荒ぶりがぶすぶすとくすぶっているからだろうか。

ところで、骨の妙味はなにも獣のそればかりではない。焼いたり煮たりした魚の骨、これもまた格別の趣だ。一尾づけの焼き魚の骨をしゃぶる、煮魚の身にとろりとした風味が生まれる、どちらも骨あればこそ。滲み出るゼラチン質が味わいに興を添える。骨には、味ともつかない味が密かに隠れている。

ずいぶん昔に食べたオーソブッコがなつかしい。骨のなかの空洞に小さなスプーンを差しこんですくう骨髄のとろりと正体のない味がたまらなかった。そういえばTボーンステーキにもすっかりお目にかからない。久しぶりの獲物の肉に、骨に、我を忘れてむしゃぶりついた時代の開放感を思うと、食卓のお行儀に息苦しさを感じてしまう。

ミント
たちまち気分転換

ずいぶん昔の話だが、大阪の古い友だちが教えてくれたことがある。

「あのな、スカッとしたいときはな、鼻の穴にミントの葉っぱを詰めるんや。ごっつう気持ちええで」

さっそくこっそりやってみた。ミントの葉っぱをちぎって数枚重ね、鼻の穴にもしゃもしゃと差し入れる。うっかり奥に入るとくしゃみが出るから、いりぐちのあたり。そうっと息を吸いこんでみると……。

スカーッ!

一陣の爽快な風が脳天へ疾走していった。

さすがミント。いや、ミントと呼んでしまうから、みょうにお洒落な気配をまとって距離ができてしまうのだ。はっかと呼んでみれば、べつの親しみがわく。

和種はっかは、メントールが多いペパーミント系。じつは「薄荷《はっか》」の名前の由来は「荷はあるが中身は少ない」。つまり、どっさり嵩高に見えても存外軽いところから。かつて北海道北見地方には世界一の規模を誇るはっか工場もあり、昭和初期に興隆を極めた。はっかは、日本人の暮らしに縁の深い存在だったのである。

縁日でねだって買ってもらったはっかパイプ、あれは不思議な味だった。口にくわえると、一瞬つんと涼しい。ところがつぎの瞬間、ふがふが。吸ったそばからするりと逃げていく正体のなさは、どこへ気持ちの行く先を向ければよいのか困惑した。

けれども、「ああそうだったのか」。ようやく納得したのは、クールミントガムを嚙んだときだ。チューインガムにどうして氷山とペンギンの絵なの？　訝しみながら一枚引き出し、銀紙を剝く。おそるおそる口のなかに入れて嚙むと、おお！　初めて体験する痛烈な辛さに舌がしびれる。けれども、すぐあとを追いかけて走る鋭い快感。さっきの容赦のない一撃は凄烈な風を煽り、嚙めば嚙むほど爽快な渦が巻き起こる。

（もうあと戻りできないよ）

あんなに好きだったくせに、オレンジ味のガムが急に色褪せた。歯磨きのときだって、フルーツやいちご風味は「なーんだ、ばかにされてた」。こども騙しだったと知って、とたんにしらけた。いったんミントの爽快感を覚えてしまったら、おとなの階段をいくつも昇った気分を味わい、お姉さん気分が手に入った。

ミントは、おとなの知恵である。ちょっとすっきりしたい。ここで気分転換したい。空気を変えたい。そんなときここ一番、ミントのパワーを借りる。天をも穿つ勢いで一点突破、とびきりの新鮮がしゅーっと勢いよく噴出し、たちまち世界を塗り替える。

「ミントジュレップ、ください」

七月に入ったころ、バーで頼みたくなる一杯がミントジュレップだ。アメリカのケンタッキーダービーに欠かせない夏の風物詩のような存在のカクテルである。バーボン。砂糖。クラッシュドアイス。ミントをたっぷり。ミントの葉をていねいに潰してからステアすると、すっきりさわやか、きりりと冷たい一杯ができあがる。ああ、これを初夏の光に浴びながら飲んだらどんなにおいしかろう。うっとり夢想しながら味わうのも、夜ふけのバーの愉しみだ。

ところで、私の自慢料理のひとつに「ミントのピラフ」というのがある。アスパラガス、またはれんこんなどを生米といっしょにオリーブオイルで炒め、炊き上がったらたくさんのミントをざっくりちぎり入れて混ぜるのだ。米とミントの組み合わせは珍妙に思えるけれど、ところがいったん味わえば、味覚の新しい扉がさあっと開くこと請け合い。口中に爽快感がぴちぱち弾け飛ぶ快感が頭のなかをシャッフルする。味覚世界にも確かな変革が起きる。

「さっきまでのあたしとはまるで違います」

ミントの魔法を味方につけたら、ちょっといばりたくなる。

スムージー
初夏になると恋しくなる

光がきらきら反射して、南風のなかに弾けて輝く。島の時間にからだごと抱きかかえられて、なにもかもとろけていきそうな昼下がり。

石垣島・川平湾の浜を出るとすぐ、屋根の低いちいさな土産物屋がある。その一隅にカウンターがしつらえてあり、赤いエプロン姿のおねえさんがひとりで忙しそうに手を動かしている。なんの店かしら。看板の品書きに視線を移したら、たちまち喉が鳴った。

つくりたてマンゴージュース、パイナップルジュース、島バナナジュース……。ここはフレッシュジュースの店なのだ。

品書きの一行めから、うっとり。

「おすすめ！　スペシャル（マンゴーとパイナップル）５００円」

冷たいジュースが渇きを癒す瞬間を想像して、もうたまらない。

「このスペシャルください！」

「すぐつくりますねー」

おねえさんは凍らせたマンゴーと切りたてのパイナップルをミキサーにぽんぽん放りこみ、シロップと氷水もくわえて、ミキサーのスイッチを押した。

ぐいーん。

威勢のよい音を立てるや、カウンターにでんと腰を据えたミキサーの中身がくるくる回転しはじめる。マンゴーの濃いオレンジ、パイナップルの黄色、透明な氷、厚手のガラスの中身が互いに混じり合いながら手と手を結んで踊り、しだいに新たな色彩を帯びる。

ぐいーん、ガーッ、ガガーッ。スムージーのできあがり。

かんがえてみれば、すこぶる単細胞なのだミキサーは。大音響を轟《とどろ》かせ、たちまち中身を細かく潰し、いっしょくたに混ぜ、ひとつにさせる。たったこれだけ、簡単明瞭。けれどもその簡単明瞭が、手ではけっしてできない。どれほど包丁を懸命に動かしても、ミキサーの荒業にはとうてい敵《かな》わない。

ときどきミキサーとジューサーが混同されることがあるけれど、ぜんぜん違う。ミキサーはぜんぶ砕き潰してとろとろにする。ジューサーは繊維を取り除いて、液体だけを抽出する。まったくべつの役割だ。だから、たとえばフルーツなら、繊維一本も逃したくないときはミキサー、ピュアな果汁百%を飲みたいときはジューサーということになる。

さて、私の場合は、ミキサーが頼りの「まるごと派」。そのうえミキサーなら、あの夏場のご馳走があっというま！

それがガスパチョだ。トマト、セロリ、ピーマン、きゅうり、夏野菜にわずかの塩とにんにくをきかせ、うつわに注いで黄金色のオリーブオイルをたらーり。さわやかな光あふれる休日の朝、スプーンですくった冷えひえのガスパチョを舌のうえにのせる幸せを、ああなんといったらよいか。

とはいいながら以前は、やわらかくて正体のないとろとろが苦手だった。けれども不思議なことだが、夏が近づくたび、急に恋しくなる。

とろとろのスムージーは、ひんやり冷やすと、ベルベットのリボンみたいな一条の流れになる。ぜんたいがなめらかなひとすじにつながり、滑りながらからだの内側を下りてゆく。そのすべらかな心地よさを、容赦のない夏の激しい熱に喘ぐからだがよろこぶのだろう。

そのうえミキサーでこしらえたとろとろは、きっとキカイが単細胞だからですね、すこしのんきで、間が抜けた味わいだ。きりっとしたところがぜんぜんない。だからいっそう安らぐ。

川平湾のスペシャルなとろとろだって、泣きたい優しさだった。おねえさんは、もういいんじゃないのというくらいミキサーを念入りにガーガー回してくれた。

「はいどうぞ、五百円。ありがとねー」

島の時間もいっしょに、ミキサーのなかへゆるやかに流れこんでいた。

ごくり、ごくり。

冷たいとろとろが、日焼けして火照《ほて》る熱いからだをなぐさめる。

卵
みょうに不可解

大きな声で言うことでもないからずっと黙っていたけれど、ある時期ずっと思っていた。

卵は奇妙にこわい。

指にちからを入れれば、あっけなくぐしゃりと割れて潰れて中身がぬるっと流れ出る。なのに、あくまでも白身と黄身に二分されている。不可解のかたまり。それが卵だった。

小学生のころ卵を殻から飲むのが特技だという友だちのお父さんがいて、あんまり不思議だったから、友だちを誘ってわざわざ見せてもらいに行ったことがある。ひとりで目撃するのは怖かったので。

「ようく見てろよお」

会社から戻ったミズエちゃんのお父さんがステテコ姿で玄関まで出てきて、片手に握った生卵を示した。

とんがった先にくちびるを当てる。

喉をのけぞらせ、おもむろに上向く。

ぢゅーっ。

大きな音といっしょに喉仏がぐるりと動いて回転した。

（すっごい）

ミズエちゃんが得意げに卵をもぎ取り、細い指の先を殻にぶすっと突っこんで割ってみせると、もぬけのからだ。中身はお父さんの喉を通ってどこに消えたのだろう。白身と黄身がもつれ合いながら喉を滑り降りてゆく感触を想像したら、急に気分が悪くなって座りこみそうになったので、あわてて「じゃあね」と背中を向けて駆け出したのだった。

長いあいだ卵かけごはんが苦手だったのは、その余波なのかもしれない。

しかし、自分で台所に立つようになったら、しっぺ返しを喰らうことになった。オムレツと卵焼き。割って、溶いて、焼く、ただそれだけなのにこれほど難物だとは。ほぐし方からしてハードルが高い。混ぜ過ぎれば、こしがなくなる。混ぜ足りなければ、黄身と白身が馴じみ合わない。オムレツを焼くとき、プロは手首をとんとん叩いて返すと知って、練習に励んでみたことがある。けれど、手首が赤くなるばかりですぐ嫌気がさした。いつまでたっても卵に主導権を握られている。みょうにくやしい。

ところが、形勢が一気に大逆転するときがある。それは卵カッターを手にしたときだ。ゆで卵を卵カッターに据えると、なにかこう「確保した気分」になる。卵一個、捕獲完了。そこへ無慈悲に極細のピアノ線を一気に下ろすと……。

輪切り、くし形切り、あっというま。自慢の技も隠し持っている。いったん輪切りにしてから全体を九十度くるりと回転させ、再び切る。すると満開。花一輪鮮やかに咲き乱れ、自分が手品師にでもなったかのようだ。

卵カッターさえ使えば、包丁に黄身がへばりついたり、ぐずぐずに崩れもせず、それどころかぴちっと定規を当てたように切り分けられる。とてもきれい。自分が切ったわけでもないのに、うっとり見とれる。

この頭脳プレーをはじめて知ったのは家庭科の授業である。小学五年のとき、家庭科で初めてこしらえたのがゆで卵だった。鍋のなかの卵を菜箸の先でころころ転がしながら緊張して時計の針をにらみ、同じ足し算をしつこく繰り返して火を止める時間を確認した。そののち卵カッターを使えば、つるりと光る白い球体があっけなく均等の輪切りに変わる。鮮やかな黄色の肌が現れると、卵を制した気分を味わい、ほうっと力が抜けた。

さて、フランス料理にはゆで卵や半熟卵の料理がたくさんある。たとえばゆでたてのアスパラガスに半熟卵をのせ、ナイフですーっと切ると、とろとろの黄身がソースになってからみつく。あの洒落た味わいは、たまらないおいしさだ。ゆで卵にオランデーズソースかヴィネグレットソースをかけただけでも、ワインが進む一品になる。卵カッターでこしらえた輪切りのゆで卵は、家庭科の実習だったくせに。まるでおなじ卵なのに、やっぱり奇妙だ。合点がいかない。

胡椒
香辛料界の帝王

胡椒がないと間が抜けるもの。

ラーメン。ステーキ。

間髪を入れず脳裏に浮かんだのがこのふたつだった。あれ？　いやそれだけのはずがない、いくらでもあるだろう。指を折ると、炒飯、オムレツ、煮込み、スープ、炒めもの……やっぱり胡椒がなくては締まらない。ぱしっと一発、平手打ち。なのに、たいして構えることなく、それどころか無意識のうちに手を伸ばさせるところが胡椒のすごさではないだろうか。

ただ――おおざっぱに胡椒とひとくくりにしていいのでしょうか。ついへりくだった物言いになってしまうのは、胡椒はこちらの扱いしだいで香りも風味もまるきり変わってしまうと知ったからだ。横幅も奥ゆきもたっぷり、とてつもなく巨大な岩石のような香辛料界の帝王、それが胡椒である。

はじめて胡椒を手にしたのは赤いキャップの瓶入りだった。さっと振ると、ぱっと舞う胡椒の香り。町場のちいさな中華料理屋のテーブルであわてて振ってうっかり吸いこむと、へっくしょん。

そのうち胡椒挽きをごりごり、かりかり挽くと、響く音や手ごたえが違えば粗さ細かさも違うと知って、胡椒の道が開けたのである。

なにしろ球体。一個ずつ粒。これを扱わなくてはなりません。

がりがりと粗く挽く。

ぱらぱらとなめらかに挽く。

さらさらの粉末に挽く。

ベクトルが粗いほうに向くほど、風味はきりっと爽快。ぎゃくに細かな粉末になるほど、なめらか。鍋の中身とまんべんなく混じり、やわらかさを帯びる。いずれも、べつもの。

お座敷がかかった先々、ご贔屓の要望しだいでみるもあざやかに場をさばいてみせる。その手練手管に圧倒されるのは、たとえば胡椒飯だ。

胡椒飯はすでに江戸時代に登場した一品だが、小股が切れ上がった粋な味わいには唸る。ただの熱い飯にがりっと挽くだけでもおつなものだが、「うぬ、小洒落ておるわ」とかぶとを脱ぐのはお茶漬けだ。さらさらかきこむと刺激がつーん、キレのよい涼風が一直線に首のうしろへ吹き抜けてたちまち目が覚める。

そんなときのために、わたしの秘密兵器がある。工具入れからおもむろに取り出すのです、ただのペンチを。

こと胡椒にとっては、ペンチはびっくりするほど精妙適確に働く。割るでもなく、挽くでもなく、そのあいだ。「砕く」。

ぎざぎざの刃のあいだにしっかり固定して、一気に力をこめ、がぎっ。たちどころに粒がばらばらに壊れ、あわれ破片になり果てる。胡椒挽きではぜったいに現れてくれないぱっきりした香り、ともすれば粗雑とも思えるほどの味わい、不規則な舌ざわり。胡椒のあらたな顔が出現する。

さすが、ペンチ。

工具がつくり出す荒っぽい破片が、歯と歯のあいだで容赦なく炸裂する快感はこたえられない。暴力的で、粗野で、破壊的。なのに、風味のなかにひとすじの気品のような統制を宿す。こんな香辛料がほかにあるだろうか。いや、だからこそ胡椒は、世界中のさまざまな味覚に親しく溶けこんでいったのだろう。

ペンチで得た不規則な風味の魅力は、包丁でもどうにか叶う。キッチンペーパーを広げたうえに胡椒をのせ、これまたがぎ、がぎ、ざく、ざくと当てた刃を用心深く下ろし、粒を刻むのである。粗いほうがよければ、てきとうにざっくりと。細かいほうがよければ何度も丹念に。塩梅は思いのままである。

道具ひとつで千変万化。あれほどの小粒なのに。よけいそらおそろしくなる。

あるとき、焼いたステーキにペンチで砕いた胡椒をまぶしつけてみました。ただのステーキのひときれが、舌のうえで暴れまくったものだから、さあたいへん。胡椒の華麗な破壊力に、してやられた。

胡椒はすごい。ペンチもすごい。

油揚げ
贔屓が過ぎるでしょうか

天気のよい冬のはじめの昼下がりである。おや銀杏の葉っぱがずいぶん色づいた、ここの家の庭では枇杷《びわ》の花がもう咲いた、あちこち見い見い散歩していると、向こうから知人のSさんがやって来るではないか。

「まあ久しぶり。お変わりありませんか」

「貧乏暇あり。ただし酒量だけは落ちませんな、幸か不幸か」

「いやいやそれはなにより」

ふと手もとに視線を遣ると、指先にちいさなビニール袋が引っ掛かっているので聞いてみたい衝動に駆られた。

「あのう、提げていらっしゃるそれは」

するとひょいと袋を持ち上げ、ああこれですか、と笑って言うのである。

「油揚げですよ。ついさっき通りがかりの豆腐屋で、二枚。じつはこれから友だちのうちに集まってイッパイ飲《や》るんです。酒の肴にと思いまして」

じゃあいずれまた、とふたたび歩き出したSさんのちょっとくたびれたオーバーコートの背中は飄々として、冬の日射しをやわらかく遊ばせていた。

同好の士、ここにあり。酒の肴にはなにはなくとも油揚げ。朝ごはんの味噌汁にも夕餉のおかずにも油揚げ。夜ふけに小腹が空いたら油揚げ。やっぱり油揚げが好きだった在りし日の祖母でも、わたしの贔屓ぶりを「こんこんおきつねさんじゃあるまいし」と呆れたにちがいない。

油揚げは七変化。いや、七つどころか怪人二十面相。驚くべき化けっぷりを見せる。黄檗《おうばく》宗の祖、隠元禅師は戯文「豆腐の讃」で豆腐の変幻自在ぶりを手放しで礼賛しつつ、油揚げのくだりではこう記している。

「身を油にして斎非時《ときひじ》の馳走を催し、（中略）豆腐のいたらぬことなし」

斎非時とは、僧侶の午前午後の食事のこと。揚げてなおいっそううまみを増した油揚げは、もうそれだけで手放しの馳走になったのである。

とりわけ精進料理にとって、油揚げは宝のような存在だ。もとは薄い豆腐だというのに、噛めばじゅわっとこくもうまみもたっぷり、野菜との相性も申しぶんがない。むしろ気の合わない相手を見つけるほうがむずかしい。それどころか、ただ黙って鍋のなかにいてもらうだけでおのずとだしの役目も担ってくれるから、そのありがたいこと。文句のつけようがありません。

四角四面の仏頂面をしているけれど、こちらの出方しだいで破顔一笑。でかいまま煮含めてよし、ざっくり短冊に切ってよし、お行儀よく色紙に切ってよし、うつくしい霰《あられ》切りもよし、四角でも三角でも、ふわふわの極細のせん切りにしてもよし。そろりと袋に広げれば、酢飯を詰めていなり寿司、卵を落とし入れればおでんの種。異種格闘技に持ちこんで、チーズを入れて焼くひともいますね。わたしは粗く崩したブルーチーズをたっぷり入れて楊枝で留め、こんがり焙る。白ワインにもぴったりの役者ぶりにぞっこんだ。

ただし、意外な落とし穴がある。油抜きモンダイである。

ものの本にはたいてい「煮るときはあらかじめ熱湯にくぐらせて、油抜きをしましょう」とある。けれども、それが面倒くさいから油揚げに手を伸ばしづらいのよと敬遠するひともある。そのへん、どうなんでしょうか。

わたしの解決策はこうである。じわっと濃いめの味にしたければ、そのまま。ふうわりあっさり、品よくいきたければさっと熱湯を回しかけて油抜き。いっけんシブい皺だらけの頑固おやじに見えて、思いのほか臨機応変で機転が利く。そのうえ、これほど誠実で愛嬌のある相手もそうそう見つからない。もしもうっかりトンビにさらわれてしまったら、地団駄踏んでくやしがりたい。

ところで、酒肴に焙った油揚げには断じて生姜醤油である。熱い艶肌にじゅっと醤油が妖しく光る。その一瞬だけ、みょうに色っぽさが放たれるように思えるのは、やっぱり贔屓が過ぎるでしょうか。

餅

せっせと世話を焼く

「戸締まり、ちゃんとした？」

家族が連れだって出かけるとき。日が暮れたとき。こどものころ、しょっちゅう耳にした親しい言葉だ。けれど、口にすればたったひとことで片づいても、じっさいはいちいち手間がかかった。表の玄関。勝手口。よろい戸。ガラス窓。締めるところがいっぱいあった。日が暮れれば締めて、朝になったら開けて、また暮れたら締める、その繰り返し。

真冬になれば、今度はこれだ。

「火の用心」

町内会のおじさんが、夜ふけに拍子木を打ち鳴らしながら表通りを行く。

「ひのようーじん、カチカチ」

暗闇のむこうから響く声はお芝居の科白《せりふ》のようで、拍子木の乾いた音は効果満点の盛り上げ役だ。そもそも夜番または夜廻りは、江戸時代には冬だけでなく年中常置された。昭和になれば冬に限られるようになったけれど、三十年代はまだまだ火鉢を使っているうちも多かったから、

「戸締まり」も「火の用心」もとても身近だった。

わたしの家にも、居間に火鉢があった。夜中になると、まだ熾《おこ》っている炭火を火箸で灰の奥深くに入れて埋《うず》み火にする。おとなの手もとを隣で眺めていたら炭火をいじりたくてたまらず、我慢できなくなって親の目を盗んで火箸に手を伸ばす。

「こら、火に触るとおねしょする！」

どこで見ているのか、いきなり声が飛んで脅かされ、あわてて引っこめる。おとなが器用に炭火を扱っている様子がうらやましかった。

ところが、こどもが火を扱わせてもらえる絶好の機会があった。それが、餅を焼くときである。炭の上に網をのせ、餅を置く。最初のうちは、餅はでんと腰を据えたまままうんともすんとも動かない。手持ち無沙汰を我慢してしばらく待ってから、ころあいを見計らって裏を返す。すると、だんだんいい具合に両面に火が当たり、餅の角はほんのりきつね色。少しずつふくらんできたら、こまめにころころ転がしてやると、まんべんなく焼ける。

ついに、ぷくーっ。得意満面だ。

こんな言葉がある。

「餅は貧乏人に、魚は大名に焼かせろ」

餅はせっせと世話を焼いてやらなければ、拗《す》ねる。火にまかせっきりでは、見返りはない。ご機嫌をうかがいつつこまやかに面倒を見てやると、餅はきっと応えてくれる。

「目を離しちゃだめだからね」

そばに張りつかせて便利な餅番に使うかわりに、いじらせてやる。おとなの思惑なんかつゆ知らず、有頂天になって餅に熱中した。

だから、餅は焼くものだと思いこんでいた。ところがびっくり、あれは幼稚園のころだ。町内をあげて餅つき大会があった。どこからひっぱり出してきたのか、ほんものの杵と臼を初めて目にした。近所のおじさんとおばさんが披露する餅つきの芸当にいたっては、阿吽《あうん》の呼吸にほとんど呆然として見入った。

腰を抜かすのはまだ早かった。ほかほか湯気の立つぼってり巨大な白い塊を、割烹着姿のおばさんたちがよってたかって手品みたいにすばやくちぎり、小分けする。待ち受けていたべつのおばさんが、きなこにまぶしたり、だいこんおろしをからめたり。首を長くして列に並んで搗きたての餅にありつくなり、足のさきまで電流が走った。

ぐーっと底ぢからを見せつける粘り、たくましいこし、しっとりきめの細かいなめらかさ。これはなんだ。焼いたときとはべつもの。これが餅だったのか。

餅の正体におののいた。せっせと面倒を見たり構ってやっているつもりだったのに、ほんとうはすこぶるつきの剛の者。餅は、のんきにふくらんだり、びよーんと伸びたり、でれでれしているだけではなかったのだ。

だからだろうか、年が明けて正月の床の間にでんと鎮座した鏡餅は神々しいまでのまぶしさ。元旦にいきなり圧倒される。

鰻にでもする？

鰻

鰻にでもする？

その日、緊張したおももちでキジマさんは玄関の呼び鈴を押した。出版社に入って二年、ある老作家のお宅に原稿を取りに伺うという大役を任されたのである。

玄関先で身を固くしていると、ほどなく奥からいきなり本人が現れた。応接間に通されると、すでにテーブルの上に茶封筒が置かれている。「あらためてください」「では失礼いたします」。原稿の枚数も数え終わり、ではこれでと辞去しかけると声がかかった。

「食べていきなさい」

老作家はみずから運んできた盆からお重と湯呑みを預けると、部屋を出ていってしまった。キジマさんは広い応接間にぽつんとひとり残された。ふたを開けると鰻重である。箸を割って粛々と鰻重を片づけ、こうして初仕事をぶじに終えた。

もう三十何年まえの話だけれど、あたし鰻重を食べるたびに、あのしんと静まり返った家の空気とか白いカバーの掛かった応接セットを思い出すとキジマさんは言う。それに鰻重を食べたの、あれがはじめてだったし。

そもそも鰻はとくべつな食べものだった。鰻屋の暖簾をくぐったのなんか、わたしだってずいぶんおとなになってからだ。鰻は、外で蒲焼きにこしらえたものを買ってきて、家で食べるものだった。

「暑いから今日は鰻にでもする？」

夕方ちかく、母がおもむろに言うとみな沸き立った。

「お、そりゃあうれしいな」

父が相好を崩す。今からかんがえれば、父と母のあいだではすでに了解がととのっていたのだろう。ふんわり焼けた鰻に箸を入れるところ、鼻先に香ばしい匂いが満ちるところ、白いごはんに茶色いたれが染みこんだところ、どんどん思い浮かべると、口いっぱいつばが溜まった。みなの期待を一身に背負って、母はいそいそ買い物かごを提げて出かける。

「鰻にでもする？」。その一拍置いた言い回しに、万感の思いあり。だって、「にでも」などといかにも気軽な様子を装っているけれど、とんでもない。そのじつ大決断が隠れている。ようし今夜の晩ごはんは贅沢に鰻を奢ってしまおう。なにしろ土用の丑の日はもうすぐだし、暑いし、もうすぐ八月だし、元気つけなきゃなんないし。

出前というものをまったく取らない家だったから、まず鰻屋に足を運んで蒲焼きを買い、母が四つの鰻丼に仕立てる。鰻丼のときだけ、ごていねいにふたがのせてあるのが御馳走気分を盛り上げた。

自分のうちの丼で食べているのに、よその味がした。夏のうち何度か食卓にのぼる鰻には、未知の世界をかいま見る興奮がいっしょについてきたのだった。

家で食べる外の味。それは、ふいに巻き起こった風がおだやかな水面を叩き、右に左に波紋の連鎖を広げる。日常に、うれしい風穴が開く。

たまに赤い顔をした父がぶら提げてくる握り鮨の折。モーニングすがたの父と、留袖を着た母が揃って出かけた結婚式の引き出物は、紅白の風呂敷に包まれた尾頭つきの鯛と赤飯。または、一尾まるごとのっかった鯛飯。折詰の杉の香りに華やかなにぎわいや晴れがましさがこもっていた。留袖からふだん着に着替えてほっとした様子の母が、自分に威勢をつけるように言う。

「じゃあお茶、淹れましょうか」

台所はきれいに片づいたままなのに、ふだん食べない味にありつく。こどものぶんざいで、お相伴にあずかるのである。うわあ、こんなおいしいものがあったのか！　すっかり冷えきった鯛の塩焼きの硬さにさえ、奇妙な興奮を覚えた。

だから、おかしな話だが、いまだに家で鰻を食べるときは冷静になれない。ふだんの食卓で鰻と対面すると、なにかこう、不意にこどものころに連れ戻された気分がしてきて落ち着きを失ってしまう。

鰻は、いくつになってもそわそわする。白焼き、蒲焼き、うざく、肝吸い。または鰻丼、鰻重。おとなのごほうびは鰻で決まりだ。だから目下の者を労《ねぎら》ってあげようというときも、鰻ほどぴったり来る食べものはない。

P65

菊水

P46

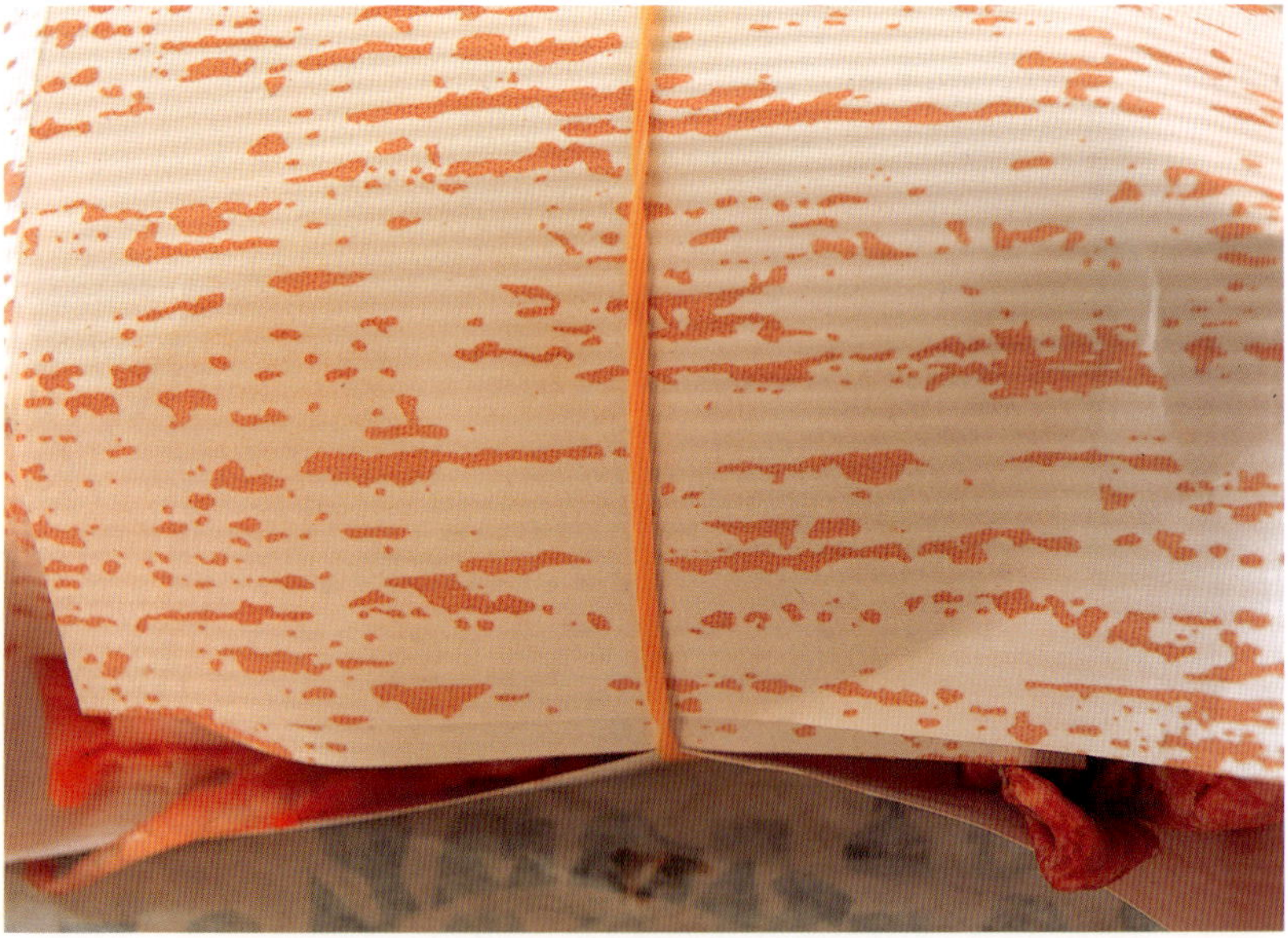

西武信用金庫様
(3334)7177~8番

HOEGAARDEN
VERBODEN FRUIT
Val de
Cidre Bouch
AB
4% vol

P20

WENGER

P156

P182

P17

P153

P14

P116

酒
極彩色の夢を見る

九歳の春、家族で京都に旅行した。昼食に入った嵐山の店で、品書きに目を走らせるなり父がいち早く注文した。

「お銚子一本、それからにしんそば」

母が咎《とが》める調子で言った。

「なあに昼間から」

ばつが悪そうにお銚子を傾ける父がちょっと気の毒で、こっちの身も縮んだ。

口には出さなかったが、はっきりとこう思った。

（母はきっと「正しい側」にいて、父はたぶん「だめな側」にいる）

おとなしくにしんそばを啜《すす》りながら、しかし、わたしは直感した。

（「だめな側」にいるほうが、どうやらいいことがありそうだ）

肩身が狭そうに酒をちびちび舐めているのに、父は、ほんとうはたいそうしあわせに見えた。

ちょっとちょっとお父さん、自分ひとりだけずるいよ。だって、ほんのり赤く染まった父の目尻がひそやかに語っていた――おい、「だめな側」にいれば気持ちいい思いができるぞ。

なにしろ手本がすばらしかったものだから、少女はこんなおとなに育ってしまいました。

（「だめな側」にいるほうが好き）

正しい側より断固こっち。いそいそよろこんでだめになる。とはいいながら、さすがにときおり頭をよぎることがある。二日酔いもせず、反省もせず、後悔もせず、そういううつくしい酒飲みになれたらどんなによかろう。

いっぽう「ちょっと待った！」。敢然と立ち上がる自分がいる。そんな正しいジンセイ、おもしろくもなんともないだろう。あと味のいいゆるい酒ばかり飲んでいたら、それこそにんげんだめになるっ。四の五の屁理屈つけながら、だめはだめなりにかんがえるわけです。ようするに、酒と折り合いをつける、これがいちばんむずかしい。酒と穏便に話し合いができないものか。

「もう潮どきよ」

「ごもっとも、ごもっとも。今夜もお世話になりました」

酒のほうから頃合いをはかってすうっと離れていってくれ、こちらもにこにこ手を振り、未練なく別れる。そんなふうに毎度いきたいわけだが、どっこい現実はままならない。「ま、いっか」「どうせなら」。振りかけた手を自分で押さえ、未練がましく背中にしがみついて、ずぶずぶになる。

といいますか、潮どきのあたりで飲む酒、これがとりわけうまい。

だからしばしば潮どきをやりすごす。だれも誉めてもくれないのに、裾をからげて大波小波を迎え撃ちに駆け出したりする。どこか勇敢な気分になっている。意味がわからない。

そこで、それなりの負荷を自分に与えてみるわけです。居酒屋で頼む肴は、たたみいわしかうるめいわし、ぬた、塩辛、枝豆……かさこそとした辛気くさいものを選びだし、今夜こそ地味におとなしくいこうと殊勝な気持ちになる。ところが、これがいけない。どれもこれも酒が進む肴ばかりではないか。

または、酒だけが目的ではないと自分を納得させ、季節のうまいもの、たとえばなまこ、〆さば、笹がれいの一夜干しなんか舌なめずりして手を伸ばしてみる。酒から目をそらそうと努力してみるのだが、いや、うまいもんは酒をさらにうまくさせますね。

なにもそこまでして。「正しい側」のひとびとにはうっとうしい話である。わけのわからない話で申しわけないと思う。しかしながら、押したり引いたり、行ったり戻ったり、ぐずぐずしたり急《せ》いたり、離したりしがみついたり、逡巡するからこそ酒の味わいはいや増す。さらには、だめだいけないとわかっていながら暴走するときこそ、とびきりの愉楽が手に入る。

酒がたんと飲めても、なんの自慢にもなりません。けれども、「だめな側」にいるからこそ、ゆらゆらと身を崩す極彩色の夢見心地、いやもうこれだけはぜったい譲れない。

旅
日常に潜む残り香

旅のおみやげ探しは、日本人のお家芸である。「だから日本人は」などと十把ひと絡げにする気などさらさらないけれど、国内外あちこちで目にする特異な行動パターンにはやっぱりちょっとたじろぐ。

メモ片手に集中力と執念を発揮しておなじ品物をどっさり買い占めているのは、たいてい日本人である。それも、ちいさくて安くて軽いもの。いやそれどころか、今日びのパックツアーは「おみやげカタログ」の商品を申しこんでおけば、旅から戻ると同時におみやげが届くというからただごとではない。つまり、旅に出る前にもうおみやげを買いこんでいる!

今生の別れとばかり涙ながらに手を握り合って出た旅でもあるまい。渡すほうも渡されるほうも、おみやげの亡霊にうなされるのはそろそろやめにしてはどうなのだろう。

とはいうものの、「あのひとにこそ」と思い定めた道中のめっけもの、これを手渡されるときのうれしさには、ぐっときてしまう。

「トスカーナで見かけたら思わず喜ぶ顔が浮かんで」といただいた堂々500gのパルミジャー

ノのかたまり。沖縄の市場で、自分で選別して送ってくれたゴーヤー、島らっきょう、島パイナップルの宅配便。「滞在先のキッチンで、これを毎日パンにのっけて焼いていました」と、フィレンツェから帰るなり届けてくださった生ハム――土地の空気や湿度までなまなましく伝わり、チーズや島らっきょうを齧りながら、出かけてもいない旅の余韻に身を浸してみたりする。

だから、自分の旅となればその残り香の濃度はいや増す。それどころか旅は、旅をした時間を終えてなおいつまでも生き続ける。

唐辛子と砂糖がなければパイナップルが食べられなくなってしまったのは、タイに旅をしてからだ。四十度近い炎天下を三時間歩き続け、干上がる寸前に一本道でパイナップル売りの屋台を発見したそのとき。まっ赤と真っ白が混じり合った強烈な味の驚きは、十数年経っても舌をいまだに震わせる。すっかり私の「おふくろの味」になってしまったのは、ベトナムの家庭でお客を迎えるとき必ずつくる豚肉と卵の煮込みだ。冬の北京で食べたしゃぶしゃぶ鍋「涮羊肉《シュワンヤンロウ》」のたれは、たっぷり瓶にこしらえて冷蔵庫に寝かせておくのが慣らわしだ。テーブルに出すオリーブオイルを入れるのはオーストラリアで見つけた小皿。

いや、ずっと生き続けるのはなにも遥かな外国の旅ばかりではない。京都の神社の参道の焙り餅。北海道の農場で摘んだばかりのアスパラガス。七尾の海産物問屋で食べた炊きたてのにしん。伊賀や会津で囲炉裏を囲んだいのしし鍋。鹿児島の天文館まで食べに行った巨大な白熊アイス。石垣島の泡盛蔵で舐めさせてもらった蒸留したての香り高い花酒《はなさき》。数かぎりない旅の記憶は、記憶のなかでいまなおじわじわと発酵し続ける。

または、旅がそれまでの日常を塗り替えることだってある。

私の塩は能登・仁江《にえ》海岸で出合ったものだ。日本でただひとつ、江戸時代から能登に伝わる揚げ浜式を守り続ける角花《かくはな》家の味。

海岸べりの漆黒の闇のなか、大釜から塩が煮詰まる音が湧き立つ夜ふけを忘れることができない。ぴちぴち、みちみち。緊迫した密度の濃い音。朝焼けの訪れとともに大釜いっぱい現れた塩の華は、まこと天然自然の味がした。

旅に出なければけっして出合うことのなかった味。知ることのなかった味。それが私の味の根っこになっている。

待てよ。ふいに戦慄する。私の日常のはんぶんは、もしかしたら旅の時間のなかにあるということなのだろうか。私ははんぶん、いまだ旅のなかで暮らしていることになりはしないか。

そうかんがえてみれば、にわかに現実と過去は溶けかかったバターのように混ざり、壁の時計の針もくにゃりと曲がって揺れる。

菓子折り

ものであって、ものでない

「手ぶらで勝手な頼みごとしに来やがって。いってぇどんなつもりだ」

角刈りごま塩頭のシゲさんがご立腹である。シゲさんは江戸指物の職人で、若いときは三社祭の御神輿の担ぎ手として鳴らした生粋の下町育ちの男だ。用があって浅草のうちを訪ねたら、ちょうどおかみさん相手に憂さを晴らしているところに出食わしたのだった。

「俺をなめるなよ、とっとと帰れって追い出してやったぜ」

「あとで後悔するよ。あっちだって悪気があるわけじゃないんだから」

人情芝居の科白《せりふ》のような会話のあと、シゲさんは腹立ちまぎれに煙草の煙をぶわっと吐きながら、締めくくった。

「じゃあよ、手土産のひとつもないってのはどうなんだ」

やたら手土産にこだわっている。けれども、背中で聞きながら思っていた。むろんシゲさんはものが欲しかったわけではない。無理な頼みごとなのに、相手が菓子折りのひとつでも携えて来ようと思わなかった、その気持ちのなさにひっかかっているのだ。ほんとうは傷ついてさえいたのである。

菓子折りは、ものであって、ものでない。禅問答みたいなことを言うなと怒られそうだが、いやまあようするにそういうことなのです。

または、こんな一件もある。

マンションの立ち退き問題が紛糾してさんざん揉《も》めているところへ、不動産会社の社長みずから戸別訪問にやって来た。その手土産が、たらばがに。押し切られてうっかり受け取ってしまった妻を、帰宅した夫が責めること、責めること。見え見えの懐柔策に決まってるのだから、こっちが受け取っただけで立場が弱くなるじゃあないか。

「わかったわよ。じゃあたらばがに、返してくるわよっ」

「ちょ、ちょっと待て」

それぞれの脳裏には（もったいない）の六文字が浮上しており、気持ちは千々に乱れるばかりであった。

ものであって、ものではない。またぞろ呪文のように耳奥で妖しい響きが鳴りはじめてしまう。

いっぽう、手土産ひとつで人間カンケイはさらさらと流れる小川の如し。願わくば、いつもこういきたいものです。それが手土産ほんらいのお務め。功を奏して「よい結果」を連れて来てくれれば万々歳。

狙い過ぎたり大上段に構えたりするとうまくないようです、手土産は。消えもの、つまりぐずぐず残らない食べものを相手に合わせて選び、さりげなくあっさりと手渡してお互いをつないでもらう。

ただし、その場ではあっさり渡っても、手土産の存在感は思いのほか絶大だ。なにしろ自分が帰ったあとも、ちゃんと残り続けるのだから。そしてじんわりと時間をかけて、または数日かけて、こちらの心もちが相手に伝わってゆく。

値段はたいして関係がない。値段が高くても、おざなりのものはおざなりに。たとえ安くても、誠意を持って相手に寄り添いながら選んだぬくもりはぬくもりのまま、ほんとうのところが知れる。そのうえ素朴なひとことが加わると、がぜんうれしさが増す。菓子折りひとつ、きらりと輝きをまとう。

「きっとお好きだと思って」

「うちの地元の名物なんですよ」

「かねがねぜひ召し上がっていただきたいと思っておりましたので、この機会にお持ちしました」

「つまらないものですが」とむやみに謙遜されるより、ずっとうれしい。だいいちおいしそうだから、食指が動く。たかが菓子折り、されど菓子折り。渡す側も渡される側も、どっちも菓子折りひとつで傷ついたりなんかしたくない。みんなほんのりしあわせになりたい。

シゲさんの憤懣やるかたない様子を目撃して、バクバクと動悸がしてきた。大急ぎで地下鉄に飛び乗って来たものだから、うっかり手土産なし。なんだか身の置きどころがない。

おすそわけ
ふだんづきあいの間合い

去年の夏、金曜の夜のことだ。地元のなじみのワインバーで飲んでいたら、常連客のみっちゃんがふと聞くのである。

「とれたての野菜、実家からこーんなにどっさり送ってきたんです。よかったら少しもらってもらえませんか」

うわーい。すかさず勢いよく首をたてに振る。その翌日、駅の近くで待ち合わせて受け取った袋には、トマトやきゅうり、みょうがぎっしり詰まっていた。

おすそわけにあずかるのは無条件にうれしい。それも、友だちのお父さんが自分の畑で丹精した旬の野菜となれば、親しみもうれしさもいっそう募る。

または、つい半月まえのことだ。とつぜん紀州の山奥から生の鹿肉が到来した。段ボール箱を開けると、保冷剤で包まれた生肉のでかいかたまりがごろん。

これはもう、自分だけで味わうのはもったいない。なにしろ山道でトラックに跳ねられた野生の鹿をさばいて間髪を入れず送ってくれたのだ。おいしさは別格にちがいない。「さて、このおすそわけを誰に」と思い巡らせて浮かんだのは、れいのワインバーの常連客ゲンさんの顔である。手づくりのソーセージやハムを扱う食いしんぼうの店主だもの、鹿肉となれば手放しでよろこんでくれるにちがいない。よしゲンさん待ってて。生肉を切り分けて、それゆけ！　勢いを駆って自転車を漕ぎ、「はい、おすそわけ！」。

おすそわけにあずかったり、おすそわけに走ったり、年がら年中あっちからこっち、こっちからあっち、目のまえを種々雑多なものが行き交っている。この春は、京都の友だちがたけのこ掘りに行ったから、と五本ばかり段ボール箱に詰めて送ってくれた。

さあ、張り切って分配にかかる。「たくさんいただいたら、おすそわけ」。おいしいものはひとり占めできない性分にできている。

珍しいものが手に入ったときも、虫が騒ぐ。いつだったか、岩手の友だちが自分で海に潜って獲ったという活さざえが到来したことがあった。荷が届いた翌日、親しい来客があったから黙ってはいられない。とはいえお茶請けに出すわけにもゆかず、「ほんの少しだけど」。帰りに四、五個、ビニール袋に入れて差し出す。

そんな話を行きつけの珈琲店でしていたら、黙って新聞を読んでいた隣の席のエドガワさんが顔を上げて宣言した。

「おれなら、絶対分けてなんかやらない。冷蔵庫の奥にでも隠して、誰にもないしょでぜんぶひとりで食う。そういう嫌ぁな爺さんになってやるんだオレは」

うまいもんには、こっそり食べるという隠微な悦楽がある。それをみすみす逃してたまるか。

髭づら六十二歳の断固たる主張である。

そりゃもう、おっしゃる通り。「こんな美味をひとりでこそこそ、いいんだろうか」。後ろめたさに苛《さいな》まれながら味わう密かな高揚感は、すでにそれ自体が大御馳走だ。かんがえてみれば、わたしがおいしいものをひとり占めできないのはひとがいいわけでもなんでもなく、後ろめたさや罪悪感に耐えられないだけかもしれない。

ただし、生ものの場合は事情がすこしちがう。いくら隠微な悦楽に身をやつしたくても、抱えこんで独占しているうち、うっかり食べごろを逃してしまっておいしさは急降下。これはけっこう情けないです。いただいた先にもおてんとさまにも申しわけない。やっぱり、ここは先手を打っておすそわけ。

おすそわけは、ふだんづきあいの間合いのようなものだ。行ったり来たり、来たり行ったり、ものの行き来も人間関係も、きっぱり割り切れるのはなんだかつまらない。ただし、おたがいさらりといきたい。相手が恐縮しそうなときは、こんな使い勝手のいいひと言もあります。

「どっさりあるから、助けてもらえるとうれしいな」

おお、では手助けしてやろうと膝を乗り出してもらえると、気がらくになる。どちらも負担は禁物。だって、またそのうち気軽に行ったり来たり。

マスター
型というものがある

カランコロン。通りかかりのちいさな喫茶店の扉を押すと、ドアベルが鳴った。カウンターのなかから声がかかる。

「いらっしゃいませ」

コーヒーのドリップを落としているマスターが、視線を上げながらつづける。

「お好きなお席へどうぞ」

カウンターの奥まった席、つまりマスターの向かいに座っている男性客がスポーツ新聞を広げている。テーブル席が空いているからそっちへ座ると、マスターが水を運んできて、とんと置いてくれる。

「いらっしゃいませ。ご注文は」

「ええと……きょうのサービスコーヒーをください」

「かしこまりました」

マスターには型というものがある。会話の進行は全国共通。「いらっしゃいませ」「ご注文は」

「かしこまりました」

丁寧だが慇懃無礼ではなく、じつは微妙な押しのつよさも秘めている。おなじマスターでも、バーの場合はお客のほうに主導権を持たせてみせるけれど、喫茶店のマスターはあくまで自分で場を仕切る。そのぶん声の調子や間合いには人柄と年季もでる。ようするに味がでる。

型はほかにもある。マスターの必須アイテムは白シャツに蝶ネクタイでしょう。そこにベストがくわわることもある。なごみ系地元密着型マスターなら毛糸のチョッキ。ただしアレンジはいろいろありまして、エプロン路線も正しい。デニム生地のエプロン、下はネル生地のシャツとジーンズというスタイルもアリ。眼鏡を首から吊っているのもかなり点数が高い。

とはいいながら、どんなにちいさくとも町場で店一軒背負って立つマスターはけっきょく人柄がすべてである。新聞をばさばさたたみながら、向かいのお客が馴じんだ口調でマスターに話しかけている。

「ねえマスター、今度の休みに釣り行かない。たまにはスカッと気分転換」

「いやァ、このご時世にわたしなんかのんきに休んでられませんもの」

「このへんでコーヒーいちばんおいしいんだからさ、値上げすりゃいいんだよ」

「そんなことしたら罰が当たります」

勝手な言い草につき合いながら、つかず離れず。むだなおしゃべりはしないが、水を向けられれば政談もこなす。

「それにつけても今回の金融政策の方針、アレは政府の市場介入がどう転ぶか、先行きが不安ですねえ」

「床屋談義」という言葉を思いだす。つまり喫茶店のマスターは「町のおじさん」。世間話からひまつぶし、雨宿りまで融通無碍、自在に相手をしながら、公共の居間のホスト役を引き受ける。おいしいコーヒーを淹れてくれるうえ、頼めばバタートーストとかスパゲッティナポリタンまでつくってくれる。ありがたい。しばらく顔を見せなくても非難がましいことも言わず、定番の「いらっしゃいませ」。けれども、顔には「久しぶりですね。元気そうでよかった」と書いてある。コーヒーの味も店の空気も十年一日のごとく変わらない。だから、安心する。「町のおじさん」はおとななのです。


しばらく待っていると、淹れたての熱いコーヒーの香りが鼻をくすぐる。

「お待たせしました、グアテマラです」

ごゆっくりどうぞ、と言い添えて、マスターはふたたびカウンターのなかに戻り、ネルドリップの布を手入れしはじめる。お客は釣り好き客とわたしのふたりだけ。ふと気づくと、クラシックのピアノ曲がちいさく流れている。掛け時計がボーン。午後四時です。厚手のカップを持ち上げて啜ると、かろやかな苦みがきいた「本日のサービスコーヒー」五五〇円のおいしさに、こころからなごむ。こういうふつうの喫茶店、近所に一軒はほしい。

週刊誌をぱたんと閉じる音につづいて、カウンターの椅子が動いた。

「さぁて、そろそろ戻るかなあ」

「お帰りですか」

扉を押す背中をやわらかく送りだすように「ありがとうございました」。調子を抑えた静かな響きは、まだ店内にいるお客に向けた気遣いなのである。こちらも、ありがたい。

マスターに薔薇の花一輪、渡したい気持ちになることがありますね。

ホットケーキ

夢よいつまでも

きちきちと紙ナプキンで巻いた銀のフォークとナイフのひと揃い。手に取ると、ずしりと持ち重りがする。正面の白い皿の上で折り目正しく正座しているのは、二重がさねのうつくしいきつね色。完璧なまんまる。

うわぁ。甘美な陶酔に襲われ、気が遠くなりかける。

老舗のパーラーとかホテルのラウンジとか、そういう場所で粛々とふるまわれるホットケーキ、あの「特別」を絵に描いたような佇まいを前にして冷静を保っていられるひとが一体いるのでしょうか。わたしは、むり。

高揚感の大波は、さらにやってくる。身を持ち崩すみたいにとろけてゆくバター。黄金の燦《きらめ》きを振りまきながらしなだれかかるメイプルシロップ。いっそずるいのでは、と疑惑も脳裏をかすめるのだが、甘い香りの渦中に巻きこまれて思考能力ゼロ。ナイフの先がすーっと沈みこんだ瞬間、すべてがどうでもよくなる。

まるで気分はシンデレラなのです。

(たったいまわたしだけのために誂えられたこの贅沢、夢ではないかしら)

お姫さまだっこ状態。たちまち非日常にさらってゆくホットケーキの魔力は、ただごとではない。ただし、そういう非日常のホットケーキもあれば、そうではない日常のホットケーキというのもあるわけです。

ハレとケ。

これがホットケーキの二重構造だ。いやそれは違うだろう、ホットケーキはつねにハレでなければとおっしゃる立派な方々もおられよう。げんにわたしは「休日に手間ひまかけて丁寧にホットケーキを焼くのが好き」だというひと(なぜか男性、なぜか三十代前半)をふたり知っている。すごいなあ。えらいなあ。感心しながら、内心うなだれる。なにしろわたしが焼くホットケーキは、フライパンの直径に等しい巨大なしろもの。お好み焼きどころかUFO並みのでかい奴をいちどきにこしらえ、それを放射線状に切り分けてよいしょと重ねる。

またしてもちょっと待った、そんなのホットケーキと呼びたくない、せいぜいパンケーキの範疇じゃないかというスルドい指摘は、このさい引き下げていただきたい。なにしろ本人はあくまでホットケーキのつもりなので。

いっぺんにまとめて焼くのは、こどもが小さかった時分の名残である。時間もない、気力も余裕もない、ええいまとめて焼いてしまえ。みてくれより迅速第一。手抜きと言われれば反論の余地もない。

でも、たのしかった。フライパンの全面にでろでろと広がってゆくタネ、その野放図な様子にぶっちぎりの快感があった。しばらく待つと表面にぷつぷつ気泡があらわれる。フライ返しを底に差しこみ、気合を入れてえいっ。みごと宙返りのち着地させて、偉業を達成する。

鼻唄まじり、でかいまま滑らせてまな板に移し、包丁を入れて六つに切り分ける。ひとり二切れずつ、三角の上に三角をのせ、たちまちできあがり。バター、メイプルシロップ、ときには蜂蜜、ジャム。まだら模様の焦げめも愛嬌のうち。味になんの別状もない。

しかし、こどもは残酷だ。娘が小学一年のとき同級生の子が遊びに来たからおやつにいつものホットケーキをだすと、きっちり刺された。

「へー三角なんだ。でかいねー。うちのお母さんのはきれーなまんまるだよ」

きょとんとしているうちのこどもが、すこし不憫になった。

だからこそ、そとで食べる正調ホットケーキにはとびきりの価値がある。銀のナイフとフォークを握りしめ、うっとり夢見心地。しずしずと口に運びながら思う、夢よいつまでも。

最後のひとくちを食べ終わると、からになった白い皿を見つめてさみしさが募る。でも、うちで食べる三角は、ぜんぜんさみしくなんかならない。またすぐつくりゃいいやと思う。

甘いもの
活力の灯り

熱い番茶のとなりに饅頭がひとつ。いや饅頭でなくとも、買いおきのビスケットでちっとも構わない。すこしだけ甘いもの。すると、番茶を啜るひとときに好ましい緩急が生まれる。

（あぁほっとする）

知らず知らず心地よいため息がまろび出る。

おやつでもない。デザートでもない。ことさら甘党というわけでもない。ふとしたとき出逢うほんのすこしの甘いもの。それが、窓ごしにやわらかく射し込む冬の日射しをながめながらの時間であれば、よけいに珠玉を掌中にした贅沢を味わう。

たくさんはいらない。ほんのすこしだけ。ちょこっとつまむ程度。足りないかな、と思っても心配無用。甘さは思いのほか豊かにふくらんでゆくから、そこに期待をかける。みずから満足を待ちもうけるのである。ありがたがるつもりになって舌にのせると、ほら、ほどなくたしかな充足がやってくる。

甘いものは疲れたときの回復薬でもある。作家、開高健は旅さきで甘いものを食べるのを楽しみにして、必ず持参した。口ぐせは「疲れたときは榮太樓のみつ豆が一番や」。アマゾンやモンゴルの草原でみつ豆の缶詰をぱかっと開け、いかにもうまそうに味わうすがたが微笑ましい。

チョコレートのかけら。キャラメルひとつぶ。飴玉一個。クッキー一枚。羊羹ひときれ。ひとたび口にすると、活力の灯りがぽっと灯る。なりを潜めていた元気がふたたび湧いてこわばりをほぐし、さあもうひとがんばりするかという気を起こさせてくれるのだ。

そのかたわら、甘いものは理性をかるく吹っ飛ばす過激さも隠し持っている。

（甘いもの、なんかないか）

いったんこの想念に取り憑かれると、もういけない。導火線に点火された火薬に化ける。危険なスイッチが入ってしまい、コントロール不可。以前に、こんなことがあった。夜中にいきなり点火してしまい、うろうろ家捜ししたあげくなにも見つからないから途方に暮れた。がっくりうなだれながら、そうだ台所に砂糖壺というものがあるじゃないかと小躍りし、砂糖を指につけてひと舐めしてようやく虫をおさめたのである。甘いものが爆発させる衝動は、ほんとうにおそろしい。

浮き足立たせられるのだ、甘いものには。

自分でわざわざ買ってきた好みの味のシュークリーム。バウムクーヘン。マドレーヌ。パウンドケーキ。またはどら焼き。三色だんご。最中。季節の上生菓子。いそいそしてしまう。いますぐ手を伸ばしたい衝動をぐーっと抑え、熱い紅茶やコーヒー、煎茶や玉露、おいしさを引き立てる飲みものを見繕って淹れ、じぶんにおあずけを食わせる。いっとき我慢を強いて行儀よく構えてみせる感じ、これがまたたまらない。

お菓子に限らず果物もまたいい。寒い盛りの完熟みかんなど、りっぱな甘いもの。皮をむき、指でつまんだやわらかな房をふくんで歯で破ると馴れ親しんだ果汁が迸《ほとばし》り、どこかなつかしいような気持ちもいっしょにひたひたと押し寄せてきて満足を連れてくる。

いまかいまか、例年の到来を待ち侘びる真冬のわたしのとっておきの甘いもの、それが干し柿である。

晩秋に穫った熟柿をじっくり寒風に吊して晒し、白い粉をふいていかにもすがれた風情。けれど、ひとくち齧ると驚嘆する。ねっとりとした感触をさらに増幅させながら複雑に綾なす甘み。わずかひとくちなのに、その濃さ、凝縮感にたじたじとなってしまい、まるで秘密のように隠したくなってこそこそと味わう。手のなかに隠れてしまうちいさな一個に過ぎないのに、これほどの豊潤を湛えた甘さはみつからない。

甘いものには、どんなにおとなになっても、ほんのすこし動揺させられる。はっと気づくと嬉々とさせられているのだ。

鼻
呆れるほどに貪欲だ

梅雨空が広がる時分、ほんの短いあいだのあの芳しい香りが待ち遠しい。

それが、くちなしの香り。さわやかなのに、鼻孔の奥にむっちり沈みこむ。しのびこんできた甘い誘惑に、からだごと預けきってしまいたくなる。

雨のせいだろうか。六月の雨の匂いはすこし重い。なにかがみしっと充ちて、むせかえる。だから、くちなしでも、ハッカでも、樟脳でも、あたりを払う匂いを嗅ぐと、とたんに弾みがつく気分になる。

だれにでも、思わず胸がはやる匂いというものがある。

すがたなんかどこにも見えないのに、ただ空気に混じっているだけなのに、まるで不意に巻き起こった渦にからだごとどこかへもっていかれるような匂い。けれども、それはひとそれぞれ微妙に、または大きくちがう。

たとえば、わたしならば――。

一歩足を踏み入れた古い図書館。焚き火のけむり。ふかふかと積もり重なる枯れ葉。霧を吹いてアイロンをかけたてのハンカチ。ぱっと灯った瞬間の線香花火。真夏の芝生の草いきれ。すりたての墨汁。波打ちぎわで拾い上げた磯くさい海草。たっぷりお日さまに干したふとん……きりがない。

とはいえ、たとえばおなじ枯れ葉でも、朝露をふくんで湿った落ち葉とでは、すっかりべつの匂い。焚き火のけむりだって、なかに芋が潜んでいれば匂いに香ばしさがくぐもる。鼻は、おそろしくも敏感に、針の先ほどのわずかな違いを嗅ぎ分ける。

だから、匂いにはさまざまな記憶が幾重にもたくしこまれている。

(あっ、あのときとおなじ匂い)

何気なく買った味噌でいつものように味噌汁をこしらえたら、幼いころ飲んだ味噌汁の味が現れたことがある。かたちもすがたもない匂いが、突然昔の味を連れてくる。つくづく不思議なことではないか。だからこそ、それはくらくら目眩《めまい》を覚える悦びだ。

ただし、匂いにはふたつの方向がある。ひとつは、ほんのり香るかそけき匂い。もうひとつは、ちからまかせに五感をさらう強引な匂い。

ほのかな匂いは、しかし、あなどってはいけない。ぱん！と掌で叩いてさわやかな香りを誘い出す木の芽。カクテルの仕上げ、薄いヴェールのようにふわりとまとわせるレモンピール。茶筅《ちゃせん》で飛ばす、おろした柚子の皮。シナモンスティックでひと混ぜするカプチーノ。どれもこれも、ほんのわずかな香りなのに、あるとないとでは大ちがい。なんといいますか、消え入りそうだからこそゆめ逃すまいと鼻は鋭く香りを捉えにゆき、鼻孔を震わせて感応する。

かんがえてみれば、鼻は呆れるほど貪欲なのだ。

それに引き換え、強烈な匂いは、わかりやすい直球だ。にんにく。くさや。チーズ。燻製。キムチ。「どうだ！」。自分では愛嬌を振りまいているつもりなのだが、臆面もなくあたりかまわず存在感を撒き散らしてしまう。けれども、いったん虜になってしまえば、めったなことでは足抜けできない。なにしろ、理性より鼻のほうが先に両手を広げて歓迎してしまうのだから。

鼻は、どんな球でもけっして見送ることができないたちだ。好きな球なら、よろこび勇んでぶんぶんバットを振り回す。たとえ苦手な球でも無視できず、思わず反応してしまう。鼻をつまんで顔をしかめるのも、りっぱな反応なのです。

ひくひく。鼻が動けばからだも動く。理性も知性も置き去りだ。そんなとんでもない破壊力を知っているからこそ、ひとは匂いを身にまといたがるのかもしれない。

ところで、ひとつだけ残念なことがある。他人になって鼻をぴくつかせ、自分の匂いをくんくん嗅いでみたいのだけれど。

氷

わたしにとっての贅沢とは

贅沢というのはじつにひとそれぞれで、そりゃあ豪華客船世界一周の旅でしょうと断言するひともいれば、三十六色の色鉛筆セットを思い浮かべると興奮して眠れなくなりますというひともいる。

わたしの場合は氷です。かまぼこ板の厚さに切ったからすみとか遊園地の観覧車連続三回乗りとか、思い描く贅沢はたくさんあるが、とりあえずでかい氷がごろごろ浮かんでいるさまを目にすると、(うわ、贅沢だ)。やたらうれしくなってしまう。

はじめて目を見張った光景が忘れられない。毎夏お盆のころ、空き地で町内会の夏まつりが催された。浴衣を着せてもらって妹といっしょに下駄を鳴らして出かけていくと、町内のおじさんおばさんが張り切ってにわか屋台を出している。テントの脇にはおおきな金盥《かなだらい》が据えてあり、ひと抱えもある氷柱のまわりに氷水に浸かった青いラムネの瓶がぎっしり立っているのだった。誰が伐《き》りだしたのか威風堂々たる氷柱は電飾のオレンジ色の光に照らされて、妖しく光っていた。

冷蔵庫ではなく氷でじかに冷やす。やっぱり贅沢極まりない。氷ならじわじわ冷気が伝わるから芯まで冷え、そのぶん冷たさも持続する。電気でやたら尻を叩くのではなく、天然の冷気でそろりそろり攻めるわけです。そもそも氷はいったん水を凍らせてつくるのだから、手間も時間もひと一倍。まだ冷凍庫などなかった明治時代には、北海道や東北の天然氷を伐りだして各地に運んでいた。そのくらい貴重品だったのである。

料理屋で、砕いた氷を敷き詰めたところにガラスの小鉢が埋まって冷やされて出てきたりすると、どきどきする。アラきれい、と平然を装ってみたものの、使った水の量、凍らせた時間、砕いた手間ひま……あれこれ想像して恐縮してしまう。貧乏性ですね。

ところでじつは、氷そのものも時間をかけて凍らせると透明感がそなわる。急ぐときはアルミなど金属の製氷皿が手っ取り早いが、曇りのない透明な氷をつくるには熱伝導が低い素材の容器が向く。そのうえ水をいったん沸騰させれば、含まれている酸素や夾雑物《きょうざつぶつ》が外に逃げ、ゆっくり凍るから濁りにくい。グラスのなかで燦然と輝くクリスタルな氷のかけら、これまたなんという贅沢な風景だろう。

「どうせならたくさん入れなさい」

夏休みの昼ごはんは毎度そうめんか冷や麦で、冷凍庫の製氷皿から取り出した氷をガラス鉢に入れるのがわたしの役目だった。四角い氷をいっぱい浮かべるのがもったいなくて四、五個ちょろりと浮かべると、母に釘を刺された——けちったあげく、けっきょく生ぬるいのは情けない。中途はんぱに冷たくては意味がない。どうせならちゃんと冷やせ。

ただし、いくら豪勢に氷を入れて冷やしても、入れかたを間違えては元も子もない。そのことをカルピスで学んだのだから、なるほど夏休みは家庭学習の宝庫だったのである。

グラスに濃い液を入れ、そこへ水を注いで希釈したあとで氷を足すと大失敗する。溶けた氷で薄まり、上だけやたら水っぽい。そのうち二層に分離して興醒めのまずさだ。そうか、氷は冷やすと同時に溶けるんだな。氷を入れるなら、水分が増すぶんを計算に入れて濃いめにつくらなくちゃいけない。夏休みに学んだ知恵は、おとなになってアイスティやアイスコーヒーをつくるとき役立てました。

泣き腫らした目を冷やすとき。火傷したとき。歯が痛むとき。人生のいろんな局面で思いがけず何度も氷のお世話になってきたけれど、そのたびにひれ伏したくなるのは炎天下のぶっかき氷だ。ただの氷のかたまりなのに、手に握ると皮膚を涼しげに濡らす。口中に放りこんでしゃぶれば、のどを潤す。それはまるで砂漠のまんなかで水道の蛇口を発見したときと同格の救い。なにしろただの冷えた水ではない、いったんかちんかちんに凍ったその贅沢さに幻惑されるのだ。

カップ酒
わが人生の友

旅の連れのカップ酒は、外蓋つきが好みです。いったんはずしたら再装着不可能ではなくて、またちゃんとはめられる蓋つき。

ひとくち飲んだら蓋を閉めて、自在に塩梅できます。でも閉めたそばから、おっとやっぱりひと啜り、あわてて蓋を剝ぎ取ることも少なくないのですが。

蓋つきがうれしいのは、心おきなく自分のペースで飲めるから。ところが蓋がない場合、酒がむきだしになるのでホレ飲めヤレ飲め、急かされている気分に襲われ、落ち着きません。せっかくの道中がせかせかしてしまう。それに開けっ放しだと、列車の振動で波立ったりこぼれたりするので、油断は禁物です。酒は血の一滴。

そのうえ、かばってもくれる。列車の座席で飲むとき、むやみに匂いを周囲に撒き散らさなくてすむのです。これはたいせつ。なにしろ四方に紳士淑女がお座りだ。密閉された空間のなか、昼間のカップ酒はビールとは話が違う、ぽわ〜んと漂う臭気、いや日本酒ならではの香気はどうやら妙に気分を逆なでするようなのです。知らぬうちに公序良俗を乱しているといわんばかり。

（野放図に太平楽な花見気分を振りまくなよ）

何度じろりとにらまれたことか。

だから、新幹線とか列車でカップ酒を飲むときは、ついこそこそしてしまう。悪いこともしていないのに、どうしても背徳の気分が拭えない。

しかし、です。ほのかな罪悪感、これこそカップ酒最大にして最強の魔力と断言して憚らない。音も高らかに、またはこっそりカップ酒に手を伸ばす。

ぱかっ。

外蓋がついていてもいなくても、天にも昇る気持ち。もう有頂天です。「もっといい酒飲みなさいよ」と茶々を入れるひともいるけれど、うまいまずいの問題ではありません。このワンカップのひと瓶、極楽浄土へ誘ってくれる相手をわが手にしかと確保ずみ。目の前の事実にほくそ笑むわけです。

つくづくカップ酒はえらい。時と場合を選ばず、幸福を連れてきてくれます。

散歩に出かけるとき、バッグのなかにカップ酒一個忍ばせることがある。肉屋の軒先で買った揚げたてのコロッケをつまみながら、秋の空を見上げて公園のベンチでカップ酒。ああ、こたえられません。ビールなら気分がすかっとするところなのだが、カップ酒ときたら、ゆるゆるでへでへ、とろんとほどける。なにかがだめな方向へやわらかく崩れる。こういうとき、つくづく思うのです。おとなになってよかったな。

いつだったか、真冬に初対面のひとと出張に行った帰りのことです。吹きさらしのホームで寒風に震えていたら、彼女が「あったまりましょう」と売店でカップ酒ふたつ、買ってきた。列車に乗りこんで肩を並べて酒を啜るうち、足先まであたたまり、すっかりほぐれて胸襟を開いて話しこんだ。一時間のち列車が終着駅に滑りこんだとき、彼女は思わずつぶやいたものです。

「カップ酒は偉大ですね」

厚い縁がくちびるに触れる。すると、まず最初に安心感が流れこむ。あとを追いかけるようにして、とろりと甘美なひとすじがくちびるを湿らせ、喉を潤す。あとはもう、ふわあっと訪れた緩みにからだをまかせておけばよい。

きっと、おしまいが見えているからです。このひと瓶、ぱちっと最後の一滴まで透けて見えている。ほうら、これでぜんぶだよ。ひと瓶存分にお愉しみなさい。授けられたうれしさに、うまさも酔いも右肩上がり。

カップ酒のほろ酔いは、だから、くせになります。いったん覚えてしまった悦びはもう誰にも渡せない。残りの分量を確かめながら自分を采配して、ちびちびいく。このいじましさが、またたまりません。

残りもの
今日を明日につなげる

二月七日
絹ごし豆腐が半丁だけ残る。湯豆腐にしようと思ったら、家族みな帰宅が遅い。ひとりで一丁平らげられず、半丁ぶんは明日の朝、味噌汁に回すことにする。

二月八日
冷蔵庫をのぞくと、三日前に漬けた白菜の浅漬けがぽつんと残っている。たった三口なのに、妙に得した気分である。

二月十一日
お客があったので、晩ごはんはたらの鍋にする。鍋をはじめる前に、酒の肴にでもと思い立ち、かぶと豚肉の炒めものをこしらえた。これがおいしくて調子に乗って食べたら、鍋が半分進んだあたりでみなの箸の動きが止まる。三つ葉、しいたけ、春菊、ねぎ、豆腐、たら。ぜんぶ少しずつ、手つかずのまま材料が残る。明日はこれに白菜キムチを足して、チゲ風の小鍋に仕立てようと思いつく。

二月十四日

朝はおおめにごはんを炊き、わざと残す。これが長年の習慣である。土鍋のなかに残したごはん茶碗大盛り一杯ぶん、そこへ五〜六倍の水を入れてことこと弱火にかけ、晩ごはんにお粥をこしらえるのだ。晩にお粥を食べると、翌朝すっきりと空腹を覚えて爽快。すこぶるからだの調子がよい。

二月十五日

冷蔵庫の奥で、行方不明になっていた干しいもの囓りかけを救出。しかし赤い黴が浮いており、いもに謝る。

二月十七日

昼ごはんに昨日の残りの肉じゃがを食べる。肉じゃがは、つくりたてより二日めのほうが断然おいしい。だから必ずどっさりこしらえる。豚汁もおなじ。

残るように、大鍋いっぱいにつくるもの。シチュウ。肉の煮込み。ミネストローネ。火を入れるたび、こっくりと味わいが深くなっていく。三日めあたり、ミネストローネにちぎったパンやほうれんそうを入れれば、もったり重い味になる。鍋のなかに時間の贈りもの。

二月十八日

休日の夕方は、常備菜をこしらえる。本日はひじきの煮物。

繰り回しという言葉を覚えたのは、三十になるかならぬかの頃である。仕事と子育てをかかえて東奔西走しながら、昨日を今日に重ね、今日を明日につなげる意味を台所で知った。

たとえばひじきの煮物は、翌日は目先を変えてごはんに混ぜてひじきごはん。またもや少し余れば、卵焼きに入れたりもした。暮らしは日々つながっているのだった。

さて、今夜の晩ごはんはねぎま鍋だ。となれば、翌日は判で押したようにづけ丼である。夜中にまぐろを醤油とみりんで漬けこむと、もう次の日が待ち遠しい。

残るとうれしいもの。かき揚げ。天ぷら。すき焼き。どっちも、翌日に丼ものに大出世する。

二月二十日

忙しくて買い物に行く時間がない。しかし、腹は減る。冷凍庫を捜索すると、三週間前、鍋に残った鶏もも肉と玉ねぎのオリーブ煮込みの冷凍を発見。天の助けと拝んで解凍し、ゆでたペンネを入れて一丁上がり。残りものに救われる。

二月二十一日

昨夜うっかりペンネをゆで過ぎ、鍋の底にほんの少し残っている。よし、久しぶりにフリッタータだ。卵四個を溶きほぐし、パルミジャーノとペンネをトマトソースごと入れて混ぜる。両面をこんがり焼き、平たいオムレツ状にするフリッタータはイタリアの家庭料理。二十年ほど前、イタリア人の女性に教わった。

「これが私のマンマの味。スパゲッティが残るとつくってくれた。焦げたスパゲッティの端っこが香ばしくてね」

二月二十五日

あとひと口なのにどうしても食べきれず、あべ川餅を残す。

残ると途方に暮れるもの。うどん。雑炊。味噌汁。トースト。きゅうりとわかめの酢のもの。

野菜炒め。サラダ。

献立
食べものの羅列ではない

献立は日常の柱である。または暮らしの手がかり。

五日まえの献立。

きょうの献立。

明日の献立。

ずっと以前でも、たとえこれからでも、献立を思い浮かべると、その情景がまざまざと浮かぶ。生活の匂いや音をともない、情景に血が通う。

献立は、食べものの羅列ではない。ごはん。おかず。汁。漬物。食後のくだもの……品数が多くても少なくても、いくつかが組み合わさって、ひとつの献立がある。とはいえ、昼は焼きうどん一品だけ、という場合もとうぜんあるわけで、もちろんこれだって献立には違いない。その日その日の事情、時間の流れ、気の持ちよう、日常の仔細が滲みでているのが献立であり、だからこそ現在や過去の日常の手がかり足がかりの役目を果たすのだ。

二月九日（火）夜

豚肉の黒酢あんかけ　絹さや入り煎り卵　菜の花のおひたし　かぶの味噌汁　かきの炊きこみごはん

八百屋をのぞいたら菜の花と絹さやが目に留まり、迷わず手を伸ばした。買いものの道中、家々の庭に咲いた紅い梅、白い梅。風流にも、枝にはちょこんとウグイス！　うれしくなって見惚れていると、鳴いてみせてくれた。

「ほけ、ほけ」

鳴きかたがまだ下手なのです。練習に励んでねと声援を送った。そんな春の予感のよろこびを、わたしは菜の花と絹さやに求めたのだ。豚肉とかぶは買いおき。昨日忙しくて使いきれなかった。なんでもない一夜の献立にも、すくなからず生活の弾みや潤いがある。そこにこそ、ふだんの食卓のおいしさは宿っているのではないか。

献立に励まされることだって、ある。

あれは小学四年生だったかしら、ともだち数人と諍いをした。意地を張り合って口を利かなくなり、登校するのもつらくなってきたとき、家の台所の冷蔵庫に貼ってある給食の献立表が目に留まり、不意に思ったのである。

（来週くじらの竜田揚げとフルーツポンチがでる。ぜったい食べたい）

学校には行きたくないのに、本気で給食の献立に背中を押された（揚げパンとけんちん汁の献立もすきだった。お祭りの屋台みたいで）。

かんがえてみれば、いまでもたいして進歩がない。買いものをしながら晩ごはんの献立を「よし」とこころに定めると、やる気のない日、押し流されてしまいそうな日、まあ踏んばってみるかと思えてくるから不思議だ。気持ちのどこかに、柱がにょっきりと立つ。

ところで、献立には「メニュー」という言いかたもある。こどものころ、急浮上したあたらしい響きが気恥ずかしかったせいかしら、いまだにちょっと苦手。ただし「メニュウ」と書けば、明治のころのけなげな翻訳ぶりに胸がときめくのだけれど。献立は家庭の言葉、メニューはハレの食卓に花を添える言葉でもあるだろうか。

二月十日（水）朝

かきの炊きこみごはんのおむすび　ひじきの煮もの　白菜の漬物

残りものと常備菜ばかり。早朝に終えるつもりの仕事が片づかず、あるものだけでそそくさとすませた。メニューと言えばぴんとこないが、献立と言えば、記憶はおろか、そのときの苦戦のようすまでずるずると引きだされてくる。献立は、記憶の起爆剤にもなっている。

二十代のころ、大学ノートに献立日記をつけていた時期がある。朝、昼、晩。各項目、一行に料理をひとつずつ。それは自分の拙い食卓をまるはだかにする辛辣な批評でもあったが、いっぽう献立のヒントにも、若い日の忘れがたい記録にもなったのである。お手本は沢村貞子さんの著書『わたしの献立日記』だった。

まことに、献立はひと知れず日常を土台から支える。つくるひとも、食べるひとも。

なくてはだめなのだ、もう

精米

米にだって鮮度はある

いやあ、こんな日がやって来るとは思ってもみませんでした。自分のうちで精米！　しかも毎度炊くたび!!　いまだに夢まぼろしでは、と目をこすります。

米どころを旅すると、駐車場とか道沿いに「コイン精米機」の看板が立っている。これはなんだ？　はじめて目撃したとき意味がわからなかった。

（えっと、コインランドリーじゃなくて）

「コイン」の手軽さと「精米機」の重量感、まるきり逆方向のふたつが結びつかなかったのだ。

「さいきんは米の出荷事情が変わっちゃって、うちらが精米しなくても買い入れ先でちゃんと精米してくれるの」

だから精米機、持ってない家がだんだん増えてね。農家のおばちゃんに教えてもらってようやく納得した。

「兼業農家も多いからね、精米はまかせちゃったほうが手間が省けるのよ。でも、自分ちのぶんはアレ。精米したては味が違うから」

そうだったのか。でも、うちの近所にコイン精米機はないのです。

知ってはいるのだ。米にだって鮮度はある。いったん精米すればとうぜん酸化するから、香りも風味も落ちてしまう。だから米を買ったら早めに食べ切りたい——わかっちゃいるけど、ハードルは意外に高い。

【米は重い→重いからまとめて買いたくなる→米びつはぎっしり→家族の人数がすくないから二〜三か月長持ち→鮮度が落ちる】

だれか止めてほしい、この悪循環。

そんなある日、さっそうと現れたのが家庭用のちっちゃい精米機だったというわけです。とはいえ、決断するまでいじましいほど逡巡した。

あらたな家電を増やしていいものだろうか。電子レンジもトースターも処分して着々と規模縮小、十年かけて簡素化の一本道を歩いてきたというのに。

ぐるぐる悩むこと足かけ二年。ついにえいやと踏み切ったのは、ともだちの自慢話だった。

「おかずに合わせて今日は五分づき、明日は七分づき、選びほうだい。精米機はたのしいよお、ごはんがうまいよお」

脳内でブチッと音がした。鮮度のよしあしもさることながら、毎日違うおいしさのごはんが味わえる、その一点が、わたしの突破口になりました。

そして大正解。それどころか、予想をはるかに超える大満足。精米したてのごはんの味、その違いは歴然としていたのである。暮らしというものは、現状維持に縛られたままではいかん。変化は果敢に受け容れよう。進化させよう。わたしはあらためて精米機に背中をばしんと叩かれた格好である。

買う米も変わった。かならず玄米を買い求め、勝手きままに精米の歩合を変える。きんぴらごぼうや根野菜の煮ものには五分づき。カレーには三分づき。精米するとぱらりと炊き上がるから、炒飯にも合う。もちろん、ふっくらやわらかな十分づきの銀シャリも。

「へえ、ずいぶん簡単なもんだな」

当初は闖入物を警戒していた連れ合いも、たった一度で気に入ってしまった。ダイヤルひとつ、わずか数分。米を研ぐまえ精米機に入れるだけ。

「今日は何分づきでいこうかな」

おもちゃじゃないんですから。はしゃいでいるうちが花と自戒してみたものの、いったん覚えた精米のたのしみは手放せるものではなかった。

ただし、精米機はあらたな課題も与えたのでした。

糠をどう生かすか。

精米すると、米と糠が分かれる。糠はそのまま捨ててもいっこうに構わないのだが、それもちょっとくやしい。なにしろ、糠にはりっぱな活路がある。溜めた糠を布袋に入れて床拭き。煎り糠にして、いわしやさばの糠炊き。糠漬け……がんばります。

うっ。まさか精米機の陰にこんな伏兵が潜んでいようとは。

たわし
調理道具にもなる

住んでいる町の路地裏に、ぽつんと佇む一軒の小料理屋がある。夜中に通りがかると、いつも軽い立ちくらみを覚える。店の名前を掲げた看板にでかい字でこうある。

「亀の子」

意表を突く店名に、どぎまぎしてしまう。いったいどうして、また。さらに謎は深まる。入りぐち脇のちいさなガラスケースに視線を移すと、畳敷きの飾り棚があり、こんもり茶いろの小山が鎮座している。それが、亀の子たわし十数個を組み合わせてこしらえた大亀。

店名といい大亀人形といい、路上でいきなりの不意打ち。と同時に、一種突き抜けた発想にたじたじとなる。もしかしたら、これはわが町の秘宝というべきではあるまいか。混乱したまま結論を保留にして通りすぎ、そそくさと路地を抜け出す。

たわしにもいろいろあるが、なかでも亀の子たわしには、有無をいわせない圧倒的な存在感がある。さすが明治生まれ！　なんといったらよいか、一切のたじろぎが見つからない。迷いやとまどいもない。

（ハイそれがなにか？）

自信たっぷり、ごろり。自己肯定に満ち満ちている。

たわしは、使いかたにも迷いは不要である。遠慮はむしろ逆効果。ぎゅっと手に握り、ごしごし。自分で自分のちからを塩梅しながら、一直線にごしごしいく。

いちばん頼りになるのは、鉄のフライパンや中華鍋、アルミの鍋釜を洗うときだ。たわしを当ててせっせとこすれば、洗剤なんかいらない。威勢にまかせてしゃかしゃか動かし、湯でざっと洗い流せば、たいていの汚れは落ちてしまう。

一日の終わりにも、たわしを握れば爽快だ。台所しごとを終えた仕上げにシンクを洗うそのとき、たわしなら先端のまるみ、面の広さ、どこにでもぴたりと添う。たっぷり厚みがあるから持ちごたえが確かで、適度にしなってクッション性のよさも発揮する。さらに感嘆するのは、根菜を洗うときだ。にんじん。ごぼう。れんこん。じゃがいも。だいこん。さといも。さつまいも。泥つきのときも、そうでないときも、根野菜を洗うときはかならず小ぶりのたわしを握りこむ。

つよくこすれば皮がむけ、浅くこすれば皮を残したまま、わずかな窪みのなかの泥や汚れもあっというまにきれいに除ける。椰子の繊維の硬さと柔軟さ、ハリを味方につければ、あとはちからの入れぐあいひとつ。つまり、調理道具にもなるのだから、こんな便利なものはない。そういえば子どものころ、ズック洗い専用のたわしが庭さきの水道栓にぶら下げてあった。なんと洗濯道具の役目も果たしたのである。

しかし、たわしはずいぶん不遇をかこっている。その昔は、縄や藁を丸めたものをたわしとして使っていた。それがじょうぶな椰子の繊維に取って代わり、時代を経て、いまではスポンジやナイロンがたわし界の本流を闊歩している。

きっと、フッ素樹脂加工のフライパンや鍋が普及していったからなのだろう。やわらかな道具には、やっぱりやわらかな素材で。ごしごしこすって、たわしの本領を発揮させてしまうと、使いようによっては傷ついたり剝げたりする。ならば、危険は事前に回避しておけ。こうして、たわしはだんだん敬遠されるようになっていった。もったいないことである。

たわしのすがたが台所にあると安心する。ふだんは寝転がってむっつりしているのだが、いざとなれば意外に腰が軽くて働きがいい。スポンジやナイロンたわしと役割分担して十分うまくやっていけるだけの協調性もある。放っておく手はない。

ところで、一度も足を踏み入れたことのない小料理屋「亀の子」だが、女将さんの右腕を務めているのがほかならぬ亀の子たわしであることはまちがいない。

輪ゴム
一寸の虫にも五分の魂

ゴム鉄砲には二種類あった。痛いのと、痛くないの。

「かくごしろ。発射っ」

指に引っ掛けた輪ゴムが矢のようにびゅっと飛んできて命中すると、戦慄が走った。いっぽう、首をすくめて脅えているのに、飛んだはずの輪ゴムは敵の指に掛かったたまま。なんだ、からかわれた。最初からひと差し指に掛けてなかったのだ。ようし逆襲だ。

こどものころ、輪ゴムはだいじな遊び道具だった。男の子はゴム鉄砲、女の子は繋げて編んでゴム跳び。おばさんにだって、輪ゴムは必需品だった。

左の手首に必ず輪ゴムをはめているおばさんが近所にいた。一本か二本ぴちっと肉に食いこんで、いかにも痛そうだ。そのうえなにかのついでに割烹着の左袖をまくると、袖のゴムの跡が赤いぎざぎざ模様を刻んで肌がうっすら腫れている。それをおばさんは、痒そうに右手でぼりぼり掻く。

おとなになってようやくわかった。身を挺してつねに態勢をととのえ、いざというときのために万全の守備を固めていたのだ、おばさんは。

（あれえ。たった今必要なのに、ない）

探す手間も時間も癪に障る。輪ゴムごときにあたふたしている自分にも苛立つ。輪ゴムには、ふとした拍子に足もとをすくわれる。

しかし、である。よくかんがえてみると、このかた輪ゴムを自分で買ったことがない。もしかしたら一度もないような気さえする。なのに常時十本や二十本、台所の輪ゴム掛けに掛かっている。

つくづく不思議なことである。ようするに輪ゴムというものはそれほど世間に大量に流通しており、市民生活において重要な位置を占拠している証しなのだ（壮大な展開になってきました）。

輪ゴムはゴムノキの樹液から採取してつくる「天然素材」である。そもそも日本では大正十二年、自転車のチューブを細い輪切りにしてつくられたのが始まりだという。のちに、柔らかく伸縮性に富み、切れにくく、かつ安価な輪ゴムが誕生するまでにはさぞかし苦心惨憺があったに違いないのに、それさえ知らず、のうのうと世話になり続けてきたのである。申しわけないことである。

名前でもずいぶん損をしている。一音めの「わ」で明確に空気を破り広げておきながら、次の「ご」は急に喉の奥にこもって引っ掛かり、ざらつきながらむりやり外へ押し出される。なのに最後の「む」は曖昧なまま、にょろりと終わる。正体が定まらない語感に不完全燃焼な気分がまとわりつく。

いえわたしは輪ゴムなしで平気です、と声が上がるのも当然だろう。念のため聞き回ってみると、周囲に輪ゴム購買歴を持つひとはやっぱり見つからなんだ。けれどもどっこい、世間のほうが輪ゴムを放っておかない。

ひゅーっと伸ばして、ぱちん。

わずか一秒、これほど手早く確実な道具はほかにない。

忙しい店先では頼みの綱だ。八百屋で野菜を包んだ新聞紙をとめる。肉屋で肉やコロッケの包みを束ねる。花屋で花や枝の根元をひとくくりにまとめる。クリップなんかシャラくさい、札束は昔ながらに輪ゴムでまとめなきゃ気分が出ないとおっしゃるお大尽もおられよう。

無意識に手を伸ばしていることだって、ある。開いた袋の口を縛るとき、広がったままのふたの口を閉じるとき、はずれそうな押さえをとめるとき。目前の不都合を解決しなければ当座がしのげない——そういうときこそ輪ゴムの面目躍如。すかさず危機脱出に手をかしてくれる。一寸の虫にも五分の魂、である。

ただし、ほっぽり出したままにすると、へそを曲げる。捻《ねじ》れたり、半分溶けてくっついたり、ぶちっと切れたり、絡んだり、グレてしまう。くにゃくにゃでも、なにしろ「天然素材」、扱いには期限がある。そこをだいじにしないと、手痛いしっぺ返しを食らうからご用心。

かまぼこ板

ミニサイズのまな板に

どうがんばっても苦手を超えられないものがある。

その筆頭株がメロンパンだ。初めて食べたときから腰が退《ひ》けた。皮がおおきなかさぶたみたいだ。そのかさぶたを剝ぐと、ぱかっとハゲる。見かけは派手なのに、いったんカツラが脱げたら正体はかさかさだ。そのうえ妙に乾いてぱさつくから、喉が詰まる。なのに、でかい。三つ子の魂、百まで。こどものころの落胆は、いつのまにか拒絶に変わった。メロンパン起死回生のチャンスが差し出されても、ことごとく顔を背けて、「いやだ、カツラつきパンは」。

ところが、思いもかけない大逆転に遭遇することがある。あれほど苦手だったのに、掌を返したようななかよしぶり。

それがほかでもない、かまぼこだ。

こどものころ、ずっとかまぼこが苦手だった。ぺらりと半月に切った一枚を箸でつまむ。すると、べろべろとくねる。口に運ぶと、人工的な弾力を臆面もなく振りまきながら、くちびるや舌先に冷んやりとしたよそよそしい感触が張りつく。水木しげるの漫画あたり、こういう妖怪がいたんじゃないか。背筋がぶるっと震えた。

ところが、すっかりおとなになってからかまぼこが好物になったのは、蕎麦屋のおかげである。熱燗をちびちび飲《や》りながら、わさびをちょこんとくっつけた板わさに箸を伸ばす。正体があるのやらないのやら、かえって中途半端な味や嚙み心地が、あいまいな時間に舐める蕎麦屋の昼酒にたまらない。

さらには、かまぼこは半月に切るだけが方法ではないと気づいた。

かまぼこをいったん板から切り離したら、もう包丁はつかわない。本体を左手にしっかと握る。そこに右手の指を三本ほどめりこませ、くいっとちぎり取る。むにゅう。たっぷり抵抗を示したのち、かまぼこは耐え切れぬようにぶちっとちぎれる。

奔放にちぎれた一片に歯を当てると、やや、これがかまぼこだったか。のけぞるほど快活な反応が口中あちこちに伝わる。食いこみ、跳ね、飛び、踊る。半月のぺらぺらとは似ても似つかぬ圧倒的な存在感だ。

さて、かまぼこはこうして胃袋のなかへまるごと一本あっというまに消えるわけだが、いっぽう台所には一枚の板切れがぽつんと残される。

ふうむ。じいっと見る。手に取って見る。くるりと裏返して見る。

そして閃いた。

(かまぼこ板には第二の生きる道がある!)

プチトマト。すだち。レモン。みょうが。オクラ。ペティナイフでちっちゃなものを切るときは、これだ。

ずっと苦々しく思っていた。たった一個のレモン、たった三本のみょうが、ひとかけらのチーズを切るために、わざわざでかいまな板を引きずり出すのが面倒だ。とびきりミニサイズのまな板をどこかで手に入れられたら……。

以来、かまぼこ板は「デキるまな板」として活路を得ることになった。なにしろちいさい。軽い。乾きやすい。臭いがない。けっこうな吸湿性がある。なのに、惜しげがない。

そうしたら、こんどは捨てがたい。台所にふたつみっつ転がしておいてもじゃまにもならず、それどころか思わぬところで意外なちからを発揮する。皮をむいたにんにくを二枚のあいだにはさんでぐいっと押せば、秒殺！　潰す道具に早変わりする。

第二の人生はみなに平等にある。そもそも誰もがなにかの役に立ちたいと願っているのだ。その道を拓くあと押しをするのが、まわりの役目ではないか。道を塞いではいけません。

さあ、そこでにわかに浮上するのがメロンパンである。ずっと毛嫌いしてきたけれど、それでいいのか。ほんとうにいいのか。

トースト専用の焼き網を使う

鰆《さわら》の西京焼きの匂いがするトーストは、どうよ。焙ったお揚げ、ソーセージ、焼きしいたけ。昨日の夕餉《ゆうげ》の匂いがトーストの香ばしさの奥からにょろりと顔をのぞかせる、そんな朝は。

この世の悲哀であろう。厄災であろう。（なんの因果で朝からこんなみじめな思いを……）涙目になってうつむくのだが、トースト問題ひとつに翻弄されてきた結果なのだから、文句のぶつけどころはない。

「トースト一枚になんとおおげさな」

ええ、まあ。だって神様が試練のレールを敷いてしまった。そのまわり道を歩くこと、足掛け三十年。

ひとり暮らしを始めた大学生のころ、勇んで買ったのはオーブントースターである。うれしかったなあ。薄切りトーストも厚切りトーストも焼ける。チーズトーストもピザトーストもつくれる。お餅も焼ければグラタンも。無敵の道具を手に入れて有頂天になった。

ところが、だんだん風船は萎《しぼ》んでいった。だって、日々着々と薄汚れていくんですよオーブントースターはね。

掃除しても、もとの木阿弥。パンのかけら、溶けたチーズ、炭になったお餅、あれやこれや落下し、じわじわ堆積し、へばりつく。あああ。再び掃除をする気が失せる。脱力する。毎日見て見ぬふりをするうち、着々と「見たくないモノ」に育ってゆく——。

いいや。悪いのは自分なのだ。くじけた自分に非がある。けなげに再出発の覚悟を決め、オーブントースターを一度捨て、また買い直した。けれども、結局おなじ末路を辿ったあげく、二度とも捨てました。

トラウマという言葉がある。よそに責任を押しつけながら自分はすたこら逃げを打つ態度が漂うからあまり口にはしたくないが、あえて言ってみたい。オーブントースターのトラウマに邪魔されて、わたしはトースターそのものに手を出せなくなりました。

あの図体のでかさが恐怖である。そもそも狭い台所なのだ。そこへもってきて、トーストを焼くためだけに貴重なスペースを占拠されるのがコワイ。友人たちがいくら「イギリス『デュアリット』社の手動式トースター、これで焼くととびきりおいしいよ」などと騒いでも、必死で誘惑に打ち勝ってきた。

けれども、トーストは食べたい。あの幸福を逃したくない。からりと晴れたお天気のよい朝、こんがりきつね色に焼き上がったトーストにバターたっぷり、とろーっと溶けたらさくさくかかり音も高らかに囓りついてみたい、わたしだって。

そこで登板させたのがグリルである。ところが、試練またもや。いくら優秀なグリルでも、囓ったその瞬間、からかうように鼻先をかすかに通り過ぎる鯖の西京焼きの匂い、ソーセージの匂い、お揚げの匂い。これはカナシイです。つまりパン生地の吸着作用が匂いを集めて災いする。オーブントースター、壊滅。グリル作戦、頓挫。ホットサンド専用の道具にもすぐ飽きた。魚焼き用の網も使ってみたが、パンと火の距離が近すぎて、あっというまに黒焦げ。

ついにトーストに見放されたか。

しかし、終着点はふいに現れた。頑丈な焼き網一辺の長さ十六cm、網とセラミック盤の距離四cm。ちんまりしていて、軽くて、高さもじゅうぶん。なにより場所を取らずコンパクト。

「イケる！」

ひと目見るなり、確かな直感に震えた。長かった、この日がやってくるまで。

朝、ぽんと焼き網をコンロにのせて火をつける。たったそれだけで、あっというまにおいしいトーストが焼き上がる。これはもう拍子抜けする簡便さ。うっかり黒い焦げをつくっても、ご愛嬌。自分でうらおもて返して焼けば、こころから満足がゆく素朴なおいしさ。

続けて焙りもの専用に二号機を買い足しました。たたみいわしもお揚げもソーセージもお餅も、トーストで鍛えた焼きかげんの腕がますます冴えまして、一号機、二号機とも目下絶好調！

だしパック
思い切って手を抜く

「わかっちゃいるけどやめられない」のは、とるものもとりあえず酒と女と博打が通り相場のようである。とはいうものの、こどものときから「わかっちゃいるけど」とつぶやくのは得意だった。

「わかってるんだったらさっさと宿題かたづけなさい」「わかってるんだったら、十分早く起きて二度と遅刻しなさんな」

言われるたび「ちっ」と舌打ちするのだが、突きつけられた自分のだめさ加減にも「ちっ」。でも結局、ほんとにはわかっちゃいない。

そして、おとなになっても依然おなじせりふとなかよしなのだが、つぶやくシチュエーションの幅だけはずいぶん広がった。そのうちのひとつが、台所で削りぶしをだしパックのなかにぎゅっと詰める瞬間である。

だしパック。ようするに不織布でできた四角い袋状で、口の片側をひっくり返してかぶせればパックになる。そういう「便利モノ」のことだ。コレを使えば、中身が外へいっさい逃げない。

中身を容れて、煮て、用が済んだら取りだす。たとえば、かつおぶしなら、削りぶしを詰める→煮出す→つまんでポイ。つまり、だしを漉す作業がまるきり省略できる。

手軽なお助けグッズなのだ、だしパックは。だからこそ、どこかしら後ろめたい。サボっている気がする。手間を省いている気配がちょっとはずかしい。だから、削りぶしをこぼさないよう指先に神経を張り巡らせながらパック詰めに集中しているとき、なぜかこそこそしてしまう。

けれども、「わかっちゃいるけどやめられない」

だからこそ、時間に余裕のあるときは、おおづかみした削りぶしをぱあっと景気よく鍋のなかに放つ。ザルで漉すときも悠揚迫らぬ態度（大えばりである）。でもね、いつもそういうわけにはいかないの。ものごとは教科書通りには進まないんですよ、これがね。

時間のないとき、時間はあるのに気分が乗らないとき。疲れているとき。気ぜわしいとき。ヤル気のないとき。消沈しているとき。そんなときは、抵抗するだけむだである。流れに逆らわず、ぷらり風まかせでいく。手が抜けるところは思い切って抜く。いいかげんにやり過ごす、自分の厄介な気分もいっしょに。

めんどうなとき、きまじめに真正面から向き合ってしまうと、よけいにことはこんがらがる。知らんぷりするわけでもなく、ただひょいと身をかわしながら荒波を見送れば、あとはどうにかこうにか。やり過ごすことで自分自身と折り合いをつけられるのも、おとなの領分であるだろう。

話がうっかりおおきなところへ飛んだが、だしパックとて、自分との折り合いのつけかたのひとつなのである。

とはいえ、余録もそれなり。煮干しの腹わたを取って詰め、ぽんと放りこむ。クローブやオールスパイスなどちいさなスパイスを入れるとき、あとで発見するのは至難のわざだから、あらかじめパックのなかへ。ブーケガルニなら、たこ糸でくるくる縛らなくても、詰めるだけ――つまり、あとかたもなく鍋のなかからすがたを消してもらいたいものを入れるとき、ほんとうに便利です。

ただし、絶対にやらないことがある。お茶だけは茶葉をパックに入れて急須に入れない。それをやっちゃあおしまいよ。茶葉が自在に身動きできず、たっぷりふくらまず、お茶の味はてきめんにだいなしだ。だったら最初からティーバッグのお世話になる。

鍋からスイッと取り出すとき、思い出すのがあの唄です。

♪「チョイと一杯のつもりで飲んで　いつのまにやらはしご酒　気がつきゃホームのベンチでごろ寝　これじゃからだにいいわきゃないよ　わかっちゃいるけどやめられない」

「ア、それ」と合いの手入れて、

♪「スイスイスーダララッタ　スラスラスイスイスイ～」

うちわ
手早く熱を取る

ずいぶん昔、好きこのんで古いちいさな日本家屋を借りて住んでいたことがある。玄関の扉のノブが丸い金色で、鍵穴に長くてごつい鍵を差し込み回すと、がちゃり重い音が鳴る、そんな古い家。

ガラス窓の枠も桟も木である。何十年も使いこまれて木目まですべすべに光っており、ちょっと手で押せばレールの上をつーっと進んだ。ガラス窓の向こうにはかわいい濡れ縁がついていた。そんな家だから、さすがに冬のすきま風はこたえたが、夏の快適さはとびきりだった。家のなかをいつもさらさらと風が通る。クーラーなんか用がなかった。

その家で初めて迎えた夏、新しく買い求めたものがある。生まれたばかりの娘に涼しげな風を送ってやるためのうちわである。

うちわで送る風は、どうしてあんなにやわらかいのだろう。ふわり、ふわり、手もとで起こった風が肌をなでる。いくら小忙《こぜわ》しくぱたぱた扇《あお》いでも、肌に届くときにはすでに凪《な》いでいる。扇風機の風なら当たっているうちにひんやり冷えるいっぽうだが、うちわの涼風には内側にかすかなぬくもりが宿っているとでもいおうか。涼しいというのは、冷たさとはちがうということを、私は娘にうちわで風を送りながら知った。

さて、以来うちわは必需品になった。夏だけではない、春も秋も冬も、つまり一年中手の届くところになければ困る。それも台所で。

なぜうちわがなければ不都合かといえば、ゆがいた野菜を冷ますときのためだ。ほうれんそう、小松菜、みつば、モロヘイヤ、キャベツ、青梗菜《チンゲンサイ》……菜っ葉をゆでたとき。

冷水に放って冷ますのがいやである。熱湯でゆでた野菜を一気に冷水に放てば、そのぶん色は鮮やかになる。なにより、熱が即座に奪われるから、ぴたりと加熱が止まる。けれどもおおきな代償がある。どうしたってなんとはなし水っぽくなる。ここがつらい。

では、どうするか。ゆで時間を短めにする。冷水を使わないぶん、余熱をあらかじめ計算に入れて早めに引き上げるのだ。そして、ザルに上げたら間髪入れず、うちわである。ぐわしと柄を握りしめ、ぱたぱたなどと優雅に扇ぐのではない、ばたばた、ばさばさ、ちからいっぱい風を起こす。

うちわ一本、びっくりするほど手早く熱が取れる。みるみるザルに広げた菜っ葉が冷めていき、と同時に緑の色もぐぐっと冴える。放熱しながら表面の水気もいい塩梅に蒸発するから、それをきゅっと手で絞るだけで一丁上がり。うちわは、冷水に放つひと工程を省略するためだけではない、おいしさを逃さない秘策なのだった。

ところで、そもそもうちわは風を起こすためのものではなかった。唐代の中国では上流階級の女性が顔をうちわで隠す習慣があり、それが日本に伝来した。宮中では、魔除けのための儀礼の道具でもあった。江戸時代になると表面に柿渋を塗った丈夫でおおぶりのうちわが登場し、竈《かまど》の火熾しや煮炊きには絶好の道具として活躍する。ところが、昭和に入って台所から七輪や炭が消え、おまけにクーラーや扇風機に押しやられ、あげくお払い箱。哀れ、いまでは行き場を失いかけている。

しかし、インテリアの小道具にとどめておくのはあまりに惜しい。みすみす浴衣のアクセサリーに甘んじさせておくのは不憫《ふびん》ではないか。おにぎりを結ぶごはんの熱を手早く取る。火にかけた麵つゆを超特急で冷ます。寿司飯を扇ぐ。弁当に詰めるできたてのおかずの熱を冷ましたい……使い道はいろいろ。なにも焼鳥屋や鰻屋に譲り渡してしまわなくても。

うちわを一家に一本。たとえば背中につたう汗をシャワーですっきり流し、冷蔵庫の前へ一直線。冷え冷えのビールをシュポッと抜いてグラスに注ぎ、きゅっと一杯、いつものうちわをぱたぱた。くーっ。夏の日暮れどき、密かな極楽である。

串
脱力系の仕掛け人

いつもおでんの串を握っていたのはチビ太だった。チビ太は「おそ松くん」の六つ子のライバルで、こどもなのに頭に毛が一本しか生えてなくて、イヤミとつるんでハタ坊をいじめていた。ハナをたらしたハタ坊が足をバタつかせて叫ぶ「ハタ坊だジョー」、あの哀愁といったらなかった。それにしても、串に刺さっていたまる、さんかく、しかく。あの三つのおでんは何だったのだろう。

チビ太があんまりうれしそうに串を握っているのがうらやましくて、晩ごはんがおでんの日、わざわざ串に刺してもらったことがあった。ときどき母にせがんで揚げてもらった串かつ、あれだってフライがばらばらに皿にのっかっているのでは興醒めだ。串を握りしめてぐいと囓りつくから、好きだった。

そもそも串は、まとめ役だ。途中で勝手にばらばらに散ってもらっては困ります。離れず、放さず、最後までちゃんとひと組のままで願います。重責を背負ったたいへんきまじめな道具なのだが、不思議なことにいったん握ってしまうと、ひとを脱力させる。脱力させるのだが、なにかこう「るんっ」と弾ませるのだ。

おでん。串かつ。焼き鳥。田楽。串だんご。どれもこれも脱力系。串一本持つだけで、でへでへな気分になる。どうやら外国でもおなじ事情らしい。「オイルフォンデュとかチーズフォンデュ、あれはいつでもうれしいもんらしいのよ」と、スイス人と結婚した友だちが言っていた。串から具を落としたら、やれ罰則のキスだと騒ぐのも恒例なのですって。

箸でもなく、フォークでもなく、指でもなく、串一本。長細い棒を突き刺すだけなのに、影響力は絶大だ。相当なムードメーカーなのである。そこで思い出すのがアメリカンドッグとわたあめだ。串の代役に、ぶすっと太い割り箸一本。握ってしまえばたちまち非日常のお祭り気分が味わえる。

だから、パーティだの夜店だの屋台だの、ひとが集まる場では串が本領発揮する。一本握れば縁日気分。指で直接つまむより、はるかに下世話な空気で楽しくなるのが可笑しい。

「それじゃあまるでオレ、阿呆みたいじゃないですか」

串が、ぶすっとふくれっ面をしている。いえ、そんなつもりじゃあ。あわてて取りなす。ほら、あなたに助けていただかなけりゃ埒が明かないときがあります。あの瞬間を決して忘れるわけにはいきません。

たったひと刺し。相手には刺されたことさえ気づかせない、すうーっと静かな深いひと刺し。そのおそろしいほどの仕事ぶりは凄腕の鍼医者、藤枝梅安先生も顔負けだ。しかもイッパツで勝負を決める――茶碗蒸し、ローストビーフ、煮豚、スポンジケーキ、ぶ厚いハンバーグやチキンソテー、どれも串が頼りである。

火が通ったかな。もう焼けたかな。そろそろかな。いや、ほんの少し早いかな。判断のつきかねる微妙な頃合い、おもむろに串を手に取り、すーっと刺す。そして、静かに引き抜くと……小さな穴から上がって滲んだ液体が、透き通っていれば万事ＯＫ。つまり、火が通っている証拠。濁っていたら、まだ早い。

串を抜いたあとの穴は針の先ほど小さいというのに、そこには知りたいことの全部が詰まっている。目に見えない状況をつぶさに報告してくれるのだから、すごい。

いっけん、脱力系。ヴェールを脱げば必殺仕掛人。これが串の正体だ。

細い串、長い串。木串、竹串、金属の串。先が二股に分かれている松葉串なんていうのもある。すべてに共通しているのは、ぷすっと刺さりやすいよう先端が針みたいに尖っていること。つまり、串は脱力させても必殺仕事を担っても、まず最初の責務はこれだ。

ちくり。

串はあんがい皮肉屋かもしれない。

焙烙
火との距離をつくる

昔話がこわかった。のんきなふりして、ほんとうは残酷だったから。

「かちかち山」には震えた。化けたぬきが、おじいさんをだましておばあさん入りのたぬき汁を食べさせてしまう。そうしたら、たぬきはこらしめに火打ち石で背中の萱《かや》に火を点けられる。

たぬき「かちかちいうのはなんの音？」

うさぎ「かちかち鳥の鳴き声さ」

萱が燃え出す。

たぬき「ぼうぼういうのはなんの音？」

うさぎ「ぼうぼう山のぼうぼう鳥の鳴き声さ」

ほくそ笑むうさぎ。「かちかち」と「ぼうぼう」、その間がまたおそろしくて、背筋が寒くなった。いまでも、お尻に火が点いて追い詰められると、自分が「かちかち山」のたぬきになった気がして震える。

ぼうぼうはごめんだ。やっぱり、かちかちいわせる側がいい。かちかちいわせて自分で勝手に

Lotus
Original
CARAMELISED
BISCUIT
NO COLOURS OR ARTIFICIAL FLAVOURS
Original
CARAMELISED
BISCUIT
庭にくる鳥

P84

月　こんだてひょう
小金井市立緑小学校
日
曜日
牛乳
こんだてめい
3つの食品群 赤・黄・緑
おもな食品名および材料名
エネルギー kcal
ランチルーム
12 火 ○ オレンジビューレパン　ちくわの磯辺揚げ
辛し和え　七草すいとん
598
13 水 ○ 生姜焼き丼　ワンタンスープ
かぶときゅうりの炒め物
613
14 木 ○ わかめうどん　鰊の包み揚げ
野菜ソテー　果物(みかん)
614 6の2
15 金 ○ うめごはん　ぶりの照り焼き
磯和え　どさんこ汁
616 6の3
月 ○ ミルクパン　照り焼きチキン
ツナとわかめのサラダ　ミネストローネ
631
中華スープ
619 1の1
ナポリタン
618
フライ
659 1の2
665 1の3
きな粉揚げパン
619
ブレッド　コーンスープ
インディアンサラダ
595 2の1
27 水 カレーライス　じゃこ野菜
プロセスチーズ
694
28 木 ○ わかめごはん　鯨のオーロラソース
野菜ソテー　けんちん汁
672 2の2
29 金 ○ はちみつトースト　クリームシチュー
ビーフンの炒め物　果物（みかん）
663 2の3
★材料の都合により、献立を変更する場合があります。ご了承ください。
◆裏面の給食だよりもごらんください。
☆給食費について☆
1月分の給食の引き落とし日は、1月5日（火）です。
前日までに、残高のご確認をお願いいたします。
お正月も終
ではないでし
ましょう。1月
「君がため
ここに歌わ
ように。その
を摘んでい
七草がゆ
です。
また、1月
す。このよ
大切にし
すずな
2009

P185

P29

P107

P87

P17

¥250

P81

P23

P170

火を操って、相手の運命をこの手に握るのさ。

晩秋は、密かにそんな野望を抱いて、葉っぱが枝から離れる頃合いを時遅しと手ぐすね引いて待ちかねる。焙烙《ほうろく》を握りしめて。

焙烙は、ずっと手に余るしろものだった。きっとおもしろいにちがいない。でもきっかけがない。入り口が狭くて、何年もすっかり持て余していた。けれども、閉じかけていた扉をばあんと蹴破ってくれた相手がある。それが銀杏だ。

十年ほどまえ、秋のおしまいごろ。これ差し上げます、お好きでしょうといただいた袋のなかにぎっしり詰まっていたのが採れたての銀杏だ。象牙を思わせるしとやかな肌。灰白とも薄卵ともつかない穏やかでやわらかな色。貝のようにぎゅっと結んだ繋ぎめ。しかし、知っている。その硬く閉じた瞳のなかに眠っているのは、世にも美しい翡翠色の珠。

けれども、その珠にまみえるためには、かちかち火打ち石、いや違った、焙烙がなければ叶わない。さあいよいよ持ち腐れていたお宝の登場である。

焙烙に銀杏を入れる。取っ手を握って火にかざし、さあここから長期戦の構え。しゃっ、しゃっ、ときおり焙烙を右に左に揺すりながら、なかの銀杏をころころ転がすようにしてまんべんなくじっくり火を伝える。

気長にころころ、しゃっしゃっ。と、そのとき。ふわあっと香りが立ち昇る。きゅっと息が止まる。

焙烙の内側で銀杏がわれさきにと競い合って、弾けはじめる。ころあいを見計って焙烙を傾けると、ころころ転がり出てきた殻の割れ目から顔をのぞかせているのは、果たして……。火傷するほど熱い翡翠の珠に塩をくっつけ、口のなかに放りこむ。歯にくいっと食いこむようにまとわりつく銀杏の風味。ねっとり絡みついて、逝く秋の憂いを招き寄せる。ひとつぶひとつぶ指先でつまみ上げるたび、翡翠色をうっとり眺める。

ようやく焙烙を手にしてみたら、相手は銀杏だけではなかった。胡麻を煎れば、ぷっくりふくらんでぐんと香ばしい。湿気た煎茶は、焙烙に茶葉を入れてからりと煎りつける。香りが立つまでじっくり煎れば、手軽に自家製焙《ほう》じ茶のできあがりだ。塩を煎れば、さらさらの焼き塩もつくれます。

はじめて知った。火は使いよう。焙烙ひとつ握るだけで、自在に火と距離をつくることができる。火の強さやわらかさ、焙烙の遠さ近さ、このふたつを簡単に操ることができるのだ。

それでもときどき、うっかり胡麻を煎り過ぎる。黒く焦がしてあわてふためくのは、お尻に火が点いて切羽詰っているとき、気分に余裕がなくてあせっているとき。ぼうぼうはごめんだ。

おろし金
セラミック製だけど

こころが狭いんだなあ、わたし。焼き鳥屋で反省した。

斜め向かいの客がいちいち串からはずして、焼き鳥を箸でつまんで食べている。何串もおなじようにして、おちょぼ口で食べている。上品なつもりなんだろうか。せっかく焼き鳥屋にいるんだから、串のまま食べようよ串で。もちろん大きなおせっかいである。

とんかつ屋で、炒り胡麻とちいさなすり鉢がついてくる。そば屋で、わさびとさめ皮のおろし金がついてくる。またしても、くぅーっと身を捩《よじ》る。

「おろしたてをどうぞ」「香りのよいところをどうぞ」という親切心なのだ。でも、押しつけられると、ちょっとつらいです。ままごとみたいにミニおろし金をぎゅっとつかんで、不自由そうにお膳の上でわさびをくるくる回しているうち、せせこましい気分になってしまう。

わさび。しょうが。にんにく。おろすときは、本気でかかりたい。

わさびを、しょうがを、にんにくのかけらを逃がすものかと握りしめ、ごし、ごし、ごし。確かな手ごたえをよすがに、無心になって指にちからをこめる。すると、見よ。甲斐あっておろし金の表面には着実な成果があらわれるから、がぜんうれしくなる。

そうなのだ。こころおきなくおろし終えると、うれしくなるんですよ。なにかこう、努力が認められたような気になる。せんせいに頭をなでてもらえるような気がする。けなげな自分になれるわけですね。

ところが、調子に乗っていると手痛いしっぺ返しを食らう。

ごりっ。

手もとが狂って一瞬の違和感に襲われるのだが、すでに遅い。ああっと悲鳴を上げても、勢いのついた動きに急ブレーキをかけるのがまたおろし金なのだから、たまったものではない。じいんと痺れた指さきをおそるおそるのぞきこむと、哀れ、皮膚が赤くすりむけて、悲惨な擦過傷が刻まれている。おろし金で擦ると、たいした傷でもないのに、どうしてあんなに痛いのだろう。自分の皮膚までおろしてしまった情けなさも天下一品である。

だから、おろし金を替えた。

ずっとぺこぺこの、昔ながらの金のおろし金を使っていたのだが、性懲りもなく重ねてしまう自分の粗相に嫌気が差した。おろし金にはなんの罪もないけれども思い切って引導を渡すほかなかった。非はすべてこちらにあるのですが、これ以上いっしょにやっていくのは無理のようです。

こうして白羽の矢を立てたのが、セラミックのおろし金である（「金」でもないのに、いまだにおろし金としか呼びようのないところが、本家本元の偉大さを物語っている）。とはいうものの、いったい誰がかんがえたのだろう、セラミックの働きぶりは目を見張るばかり。着実におろせて、よけいなちからもいらない。そのうえさすが新興勢力、目も減りづらいから、おろし具合も一定だ。底のシリコンゴムがぴたり台に張りついて、安定感たっぷり。たとえ手もとが狂っても「金」より被害は少ない。

けれども、正直をいえば、列に横入りをしているようなおさまりの悪さを感じてしまう。

「セラミック製の使いやすさに逃げていていいのか?」

いまだに先代に気持ちが残っているわけです。縁が切れてない。

おろすと、香りのよさが違う。口当たりはやわらかく、すがたは見えないのに気配をきちんと残す。おろさなければ味わえないおいしさがあるのだ。なのに、新旧のあいだでいまだに肝が据わらずうろうろ、こころが狭いばかりに往生ぎわが悪い。そんな自分にため息がでる。

ワックスペーパー
台所に常備すべし!

のっけからくやしい思いを味わうのは、カステラと肉まんだ。食べるまえ、まずは底に貼りついている半透明の紙をつまんでピーッと剝がす。このとき、どうかすると身がへばりついていっしょに剝がれる。カステラは焦茶色、肉まんは白いの。哀れ、やわらかな身が紙にくっついて剝がれ去ると、最初から損をした気分になる。ときどき底が破れて、中身が顔を出すこともある。そもそも「くっつかない」というのがアナタの使命なのでしょうという思いがこちらにあるから、よけいくやしいわけです。

ワックスペーパー、またはロール状になっていればグラシンペーパーと呼ぶと高校の家庭科の実習で教わった気がするけれど、それまで油紙というのだと思っていた。家で母がスポンジケーキを焼くとき、そう言っていたから。

紙にロウ引きをして耐油性と防水性を持たせたのがワックスペーパーだ。無漂白のパラフィン紙とおなじ。油をはじくとはいっても、油を適度に吸収しながら、外に漏らしたり汚したりしない。水気をはじきながら、同時に乾燥も防ぐ。そのぶん、ただの紙より破れにくく、強い。ずいぶん高度な技能を持つ紙なのだ。

つるつるぺらぺらなのに、たった一枚敷くだけで、あとの手間は大違い。ケーキ、クッキー、ビスケット、パイを焼く。そのままでは鉄板にくっついて底が焦げつくけれど、ワックスペーパーさえ敷いておけばほとんどくっつかず、焦げて鉄板が汚れることもない。お菓子だけではない。スペアリブ、豚肉のかたまり……オーブンで肉を焼くときも焦げつき防止に役立つ。

「うちオーブン使わないからいらない」ですって？　いやお待ちなさい。蒸籠《せいろ》で焼売《しゅうまい》や饅頭やら蒸すとき、一枚敷くだけで皿代わり。蒸籠も汚れ知らず、取り出しやすい。

「でも焼売もつくりゃしないし、そんなの関係ない」？　でも、こんな場合だってあるんです。

お弁当のサンドウィッチを包む。

残ったパンをくるむ。

ドーナッツやクッキー、ビスケットを包む。

そのままチンできるから、おにぎりやコロッケ、揚げものを入れる。

清潔感があって破れにくいから、わたしは、くだものやお菓子など気軽なおすそわけ用の包み紙はワックスペーパー製の袋に決めている。

沖縄の市場のおかず横丁で買い物をすると、ワックスペーパーの活躍ぶりに舌を巻く。魚のてんぷら、ティビチの醤油煮、サーターアンダーギー……あっちの店でもこっちの店でも、おおきな茶封筒みたいなワックスペーパーバッグにぽんぽん入れてくれる。両側のはじっこをきゅっとひねって、ホレ持っていきぃ。中身の油も水気も気にせず、バッグのなかにしまえる。ワックスペーパーは、なにも洒落たランチバッグでも小むずかしい台所用品でもないのです。

ロウ引きの紙の手触りは、フェティッシュな快感をも呼び覚ます。そのままなら、つるつる、ぬるぬる。くしゃっと握りこめば、しゃりしゃり、さらさら。もう一度広げて均《なら》せば、しゃかしゃか。じつに変幻自在、そうとう官能をそそる感触を潜めている。チョコレートやクッキーの箱のなかに、白い厚手のワックスペーパーが入っていることがあるでしょう。あれは潰れたり崩れたりしないためのクッション材なのだ。その肌触りがたまらなく好きで、おなじ素材を使って椅子をつくってしまったインテリアデザイナーもいる。ワックスペーパーには思わず指でなでたくなるような、むずむずと突拍子もない衝動を蠢《うごめ》かせるなにかが潜んでいるのかもしれない。

見えそうで見えない。半透明の奥でちょっとだけ中身が見える。思わせぶりなところにも、さらにぐっとくる。

中華包丁
重みで勝つ

重さで勝負。中華包丁は持ち重りがしなくては話になりません。

きっぱり教え諭してくれたのは、北京の老舗の包丁屋主人である。せっかく北京にやってきたのだもの、ここはひとつ初訪問記念の品を。あれこれ思案したあげく、そうだ本場の中華包丁はどうだろうと思いついたのだった。

ちいさな店だが、りっぱなケースのなかにずらり包丁の刃が鈍い光を放ってドスをきかせている。どれもこれも四角い中華包丁だ。隣で若い夫婦が真剣な顔を寄せ合っている。新婚さんなのだ。はて彼らはどんな包丁を選ぶのかしら。がぜん好奇心が刺激された。

「ほら、これなんかいいんじゃないか」

「あーんどうかしら、わたしの手には大きすぎちゃう」

「そんなことないさ、ほらちゃんと握ってごらんよ」

北京語は不案内なくせに、新婚の会話はどうしてこんなにわかりやすいのか。

「アラほんと。意外にイケるかも」

「だろ？　これさえあれば、きみのきゃしゃな腕でも骨つきの肉もイッパツさ」

　そして髪を七三にぴっちり分けた若い夫は、花柄のワンピースの妻の上腕に手を伸ばしてそっと握ったのだった。

　買い物袋をぶら下げて弾んだ二人の背中を見送りながら、わたしは思わずおなじ包丁に吸い寄せられた。ステンレス製で、たしかにずしりと手首に重い。迫力漲《みなぎ》るこの一本を、はたして使いこなせるのだろうか、わたしは。

　ものごとを習得するとき、まずかたちから入るという手がある。アスリート仕様のジョギングシューズ。たいそうな値段のゴルフのクラブ。作務衣《さむえ》とそば打ち道具一式……すると、その気になるいっぽう、にんげん追い込まれる。自分の腕との開きをどうにか埋めようと必死になるわけです。

　このわたしがそうだった。ひとまわり小ぶりのこっちを、と店主に勧められた一本をふところに携えて帰国した翌日から奮闘は始まった。

　いや、べつに闘わなくてもよいのですが、チャレンジャーの立場に自分を追いこめば、やっぱりそれなりに上達は早くなる。台所に立つたび、せん切り、薄切り、細切り、みじん切り……なんでも北京土産でやっつけてみた。

　すとん、すとん、自分の重みでまっすぐ自然に刃が降りる。こんな包丁の使い心地があったのか！　牛刀や三徳包丁、ペティナイフなら、ひと渡りの刃を操る腕が先立たなければならない。ところが中華包丁は、いってみれば、刃の切れ味より重さがかなめ。その重さを生かしてこその包丁である。

むりやり手わざでねじ伏せようとしても、だめ。素直にあと押しにまわって、行きたいところへついてゆく。ようするに「負けて勝つ」。結局のところ、これが中華包丁の使いこなしの極意なのだった。

こっそり告白しておこう。わたしが中華包丁を手放せなくなったのは、じつは叩く快感を覚えてしまったからです。バシッと一発、横っつらを張り飛ばすごとく、叩く。遠慮会釈なく、潰す。にんにく、しょうがはもちろんのこと、きゅうり、れんこん、ごぼう……これほど的確に、思うさま叩ける道具はない。

もうひとつ、「持っててよかった」とひとりごちるときがある。それが肉をこま切れや挽き肉にするときだ。これぞ重力の勝利、すとんすとんと素直に包丁の刃を落とせば気持ちよいほど肉が切れ、海老が潰れる。だから、たった一本にしぼりこんだ北京土産のおかげで、挽き肉も海老のすり身もフレッシュな自家製になった。

じつは、「集める」というのも中華包丁の得意わざ。あらゆる包丁のなかで収集能力、搭載能力はピカイチ。切って、刻んで、叩いて、潰して、みずから回収にまわる。この始末のよさに胸がすく。そんなわけで、台所で一句。

土産もの　ぴたりハマれば　一生もの

アルミホイル
苦手、だけでは済まない

から っ風が吹いている。いよいよ季節到来、買いおきはぬかりなし。予備の箱があるのを確認したら、心おきなく突入だ。

アルミホイルの季節である。

じゃなかった、焼きいもの季節である。

冬の朝に焼きいもを食べる。いつのまにか定着した習慣で、おお今日も冷えこむわぁと首をすくめながら、起き抜けにさつまいもを手にする。

とはいえ、恥ずかしいほど簡単な話である。さつまいもを洗い、水分をそのままにしてアルミホイルでぴっちり巻く。これを二十分ほどコンロのなかのグリルで焼き、竹串がすっと通ったら火を消す。そのまま十分のち取り出す。

なんだ、放置しておくだけじゃないの。はい、ご明察。アルミホイルで包んで焼く、たったそれだけ。

すべてはアルミホイルに助けられてのことだ。どんな形にも意のまま、ぴったりくっついて密閉し、熱を逃がさない。焦げつきもせず、剝がれもしない。ようするにアルミホイルなくして焼きいもにはありつけない。だからほら、真冬はアルミホイルの季節なのです。

あら、たったそれだけではアルミホイルを活用しているとはいえないんじゃないの。厳しいご指摘を受けると、ふたたびぐうの音も出ない。明らかにこちらの問題、先方にいっさいの罪はない。

歯が浮くのです。銀いろが擦れたりちぎれたりすると、歯の芯に針が刺しこまれたように激しい電流がきーんと走る。もしゃもしゃに丸めたり、それをもう一度広げたりするときなど地獄の沙汰。とたんにすーっと歯が浮き、疼き、酸っぱい液が口のなかにどっと溜まる。

なのに、朝の熱い焼きいものためなら耐える気になるのは食い意地のなせるわざにほかならない。弁解を承知でいえば、ほかにもアルミホイルに手を伸ばす局面はいくつか、ある。味噌を包んで焙り、香りを出すとき。グリルを無用に汚したくないとき、魚の粕漬けやら肉の味噌漬けやらのせて焼き、あと始末のなさに爽快な気分を味わう。または、落としぶたに使うとき。たとえば肉のかたまりを煮るとき、鍋の直径に合わせて形を整え、上に被せる。煮汁がうまく対流して、効率のよいことこのうえなし。

下手は下手なりにがんばっている。いくら苦手でも、代替えのきかない働きぶりは認めているから、やっぱりそばに置かないわけにいかないのだ。ようするに、宙ぶらりんの存在なのだ。なにしろ、ただの苦手とはちがう。苦手なだけなら克服しようという気にもなるが、わざと敬遠して一定の距離をつくって腰を退いておきたい。そんな気分が自分のなかに蠢《うごめ》いている。

銀いろのてかり。歯に沁みる硬い音。尖った手触り。最初は熱くても、たちまち冷める……どうかんがえても、ほっこりなごみたい食卓にはそぐわない。皿の上にアルミホイルの包みがのっかっている風景は、湯豆腐の上に氷あずきがのっかっているようなものじゃないか。

だから、「白身魚ときのこのホイル包み焼き」とか「鶏肉とハーブのホイル蒸し」とか、やっぱり苦手だ。歯を疼かせながら勇気を奮って開いてみると、いったんしわになったぶん、びかびかの華麗な光線を乱反射する。箸を握りつつその光景を見つめていると、しだいに背中が冷えてくる。または、幕の内弁当のかたすみにアルミホイルのカップを発見したとき。切り干しだいこんの煮ものとか小松菜の煮浸しとか、中身をできるだけそうっと箸でつまみ上げる。ただでさえまぶしいのに、寝た子を起こしては一大事。

なにも目の敵にしているわけではないのです。ひたすら穏便なおつきあいをしたい、ただその一念。だから寒い冬の朝は、年に一度のアルミホイル感謝月間。歯を食いしばってアルミホイルに手を伸ばし、そろりそろりといもを巻く。

中華鍋
丸みと深さに秘密あり

とても好きな歌がある。『あなたとならば』。ニッポンの古き佳きジャズエイジを代表する名曲のひとつだ。

♪あなたとならば　しのびましょう
　苦しみも悲しみも

十三歳でブロードウェイのスタアになり、戦争直前に引退した伝説の歌姫川畑文子の甘い声を思い出すと、戦前の生まれでもないのに胸がきゅうっとする。

あなたとならば手鍋提げてもくっついていく覚悟です。まなじりを決して私がひっつかむとしたら、即断即決だ。

「中華鍋！」

でかいまんまるな中華鍋を背中にくくりつけ、いばらの道も敢然と進む。

（なんでまた、そこまで？）

そもそも十八のとき初めて手にした中華鍋だから愛着もひときわ、と言ってしまえば簡単だが、それだけであっさり終わる話でもない。

じっさい、中華鍋でできないことなど、なにひとつない。炒める、揚げる、煮る、なんでもこなす。蒸籠《せいろ》をのせれば、たちどころに蒸し器にも早変わりする。さらには、逆さにして鍋にかぶせてふたの役目を負わせるという無茶も引き受けてくれる。ずしっとくる鉄の重量を有効利用して、塩をふった白菜のうえで重しに使うことだってある。ドーム型なので重心がはっきりしているから、いったん置いてしまえば、意外にもずいぶん安定がいいのだ。

なにしろ裏も表も知り尽くした長年のつきあいだ。わたしはその働きっぷりに畏怖を覚えるようになった。とりわけあの日を境にして。

北京のアパートのちいさな台所にたったひとつ、中華鍋が置かれている。まわりを見回してもほかに鍋は見つからず、どうやらこれが唯一の鍋なのだ。どこの家にでもあるありきたりの鋳鉄の鍋だが、いざ火にかけてからの八面六臂《はちめんろっぴ》ぶりに唖然呆然、度肝を抜かれた。

驚異の鍋使いの術、以下は見たまま。

まず湯を沸かし、もやしをゆでる。もやしをすくったあとの湯で、あくの出るほうれんそうをゆでる。その湯を捨てて余熱で乾かしたら油をたぷたぷ注ぎ、衣をつけた豚肉をかりっと揚げる。揚げ油をざあっと油入れに移して空け、さあこれで鍋肌にしっかり油がしみて皮膜ができた。お次は、ねぎ入り炒り卵。最後はこってりとろみをつけた甘酢をつくる。そこへさっき揚げておいた豚肉を戻して、熱々のひと皿が登場したのだった。

もやしの冷菜。ほうれんそうの和えもの。炒り卵。揚げ豚肉の甘酢炒め。たったひとつの鍋で、あっというまに四品完了！

つまり、こういうことだ。たったひとつの鍋をくるくる使い回す、その手順が中華鍋を舞台に、計算し尽くされている。万事が効率よく、じゃまを省き、手入れも簡単。舌を巻く周到さにたじたじだ。老婦人の台所は電車の運行ダイヤ通りに進行するのだった。

圧倒された。たったひとつの鍋でなんでもつくれる！

北京でわたしもかんがえた。その秘密はなんだ？　あげく、ぽんと膝を叩いた。中華鍋の丸みと深さ、秘密はこれだ。丸みと深さがあれば、そのぶん容量が増す。鍋肌の面積もひろくなる。鍋底がカーブしているから、湯に対流が起こって、すぐ沸騰する。あおればおのずと中身がこっちへ返って戻り、鍋肌に触れる面積が多くなるからすばやく熱が通る……中国の英知である。

そうめんも、スパゲッティも、うどんも、だから中華鍋で勢いよくゆでる。底のくぼみを生かしてトルティージャも焼く。オムレツもささっと巻く。

なくてはだめなのだ、もう。指折り数えてみれば十八の年から三代め、掌にも腕にもすっかりなじみきって、とても他人とは思えない。

日常のすきま

小鉢
手間を少しだけ盛りこむ

あればあったでうれしい。なければないで困りはしない。けれど、あるとなしとでは大違い。それが小鉢である。

想像してみてほしい。今日のお膳に小鉢が添えられている。ごはんや味噌汁、焼き魚、和えもの、とりどりのうつわのなかにちょこんと混じっている。

（おや、なんだろう）

ひっそり地味な風情に魅かれてわずかに首を伸ばし、なかをのぞきこむ格好になる。その瞬間のほんのりとしたうれしさ。

わずかな感情なのだが、なにかこう優しく構ってもらっている気配を感じとる。ああ、もうひと品添えてくれたんだな。食べるまえから大切に扱われているように思われて、勝手にひとり、ふくふくと満足をつのらせるのだ。

自意識過剰のなせるわざではない。小鉢のなかには、じつはたしかな思いがこもっている。さっとこしらえました。ほんのわずかだけれど、よろこんでもらえたらうれしい。でも、じゃまはいたしません。ちょいちょいつまんでもらって、主役が引き立てばもうそれで——たとえばそんな感じでしょうか。なにしろ一途に満足してもらいたい。小鉢の謙虚さには頭が下がる。

ただし、ちゃんと自負や自慢も潜めている。

なめこおろし。つらいもといくらを和えたの。ぜんまいの炒め煮。にんじんのごま和え。菊花のおひたし。しらたきとたらこ炒め。ねぎぬた……季節の素材に、ぱっとひと手間くわえてこしらえた勢いがある。いま、この野菜がおいしいから。食べさせたいから。さっと手を伸ばし、台所でひとしごと。

その手間をさりげなく小鉢に盛りこむところに、そこはかとなく余裕がある。だからこちらにとっても、食べているときの止まり木、休憩場所になるのだ。気の抜ける相手が目のまえにある、それだけで安心する。まさに箸休め。小鉢は箸休めとも呼ぶ。

知り合いに、自他ともに認める「小鉢好き」の男がいる。自分で料理を選べる定食屋に行くと、ごはんと味噌汁以外は小鉢ばかり取りたがる。居酒屋ならまぐろ納豆、いくらおろし、小鉢に盛ったものばかり。枝豆にしても、小鉢に入っていればありがたみはぐっと増すと言う。

「放っておいてくれるから、気がらくなのよ」

これが彼の弁だ。刺身の盛り合わせとか揚げ出し豆腐とか、きんきの煮付けとか、ぐいっとうまいものは「なんとなく迫ってくる」。ところが小鉢ならば、時間が経って冷めても、いつも様子が変わらない。

「だからね、急かされたり、ご機嫌を伺ったりする必要がないわけよ」

勝手気ままを許してくれるところが、たまらなく落ち着くのだという。

ただ、小鉢ばかり三つも四つも立ち並んだ風景は珍妙だ。荒れ地にビルがにょきにょき林立したような、微妙な違和感。間が抜けてしまう。やっぱり小鉢は、ぜんたいのなかのひとつ。慎みのある様子に価値がある。そっと場に溶けこむような佇まいは、たとえばきゅっと襟もとを合わせて紬の着物に身を包んで控えたひとの立ち姿という感じでしょうか。しゃしゃり出ず、声がかかればたおやかに応じる。

さて、大急ぎで間に合わせるときも小鉢はとても便利だ。

「なにもないけど、まずはこれで」

たとえ鍋のなかにはたっぷりあっても、あえて小鉢に盛りこんで出す。すると、あら不思議。たちまちお膳に間合いが生まれる。緩急がつく。ニクイデスネ、ということになる。

それを言っちゃあおしまい、というたぐいの言葉を江戸のころは戸締め言葉と呼んで野暮と嫌ったが、小鉢は正反対だ。ちいさなうつわが言外に漂わせるのは、慎み深さ、思いやり。これぞ日本の食卓の情緒である。

ガラス
使い終わりに山場あり

居酒屋の品書きに「天豆」の字を見つけて風流をよろこんだのもつかのま、ひと呼吸置いて、こんどは走りの枝豆がお目見えする。

天豆、つまりそら豆は、莢《さや》をむいてゆでたら小鉢にそうっとおさめてやりたい。晩春と初夏のあいだに育まれた翡翠のつぶにいたいけな感情をおぼえるからだろうか。いっぽう、枝豆には夏に足を踏み入れた威勢のよさがあり、こりりと砕ける歯触りの抵抗に切れ味を感じる。その勢いにいっそう弾みをつけたくなって、ひんやり生硬なガラスのうつわを手にしたくなるのだ。

目がはしゃぐ。つるんとすべらかな感触を指の肌がうれしがる。じかに触れなくても、自分のからだのいろいろが連鎖反応を起こし、しきりにガラスを迎えたがる。それはきっと、数か月まえまで閉ざされていた感覚の扉が夏の予感を捉えてふたたび開花する、そのよろこびなのだろう。

季節が進むにつれ、おのずと求める風合いに変化が訪れる。かんがえてみれば不思議なことだが、つまりわたしたちの暮らしというものはおのずと歳時記に寄り添うて進んでいるのだ。

さて、ガラスのうつわは、じつは使い終えたあとに山場が控えている。

たとえば気持ちのよい風が吹く夕暮れどき。きゅーっと一杯、冷えたビールをとっておきの薄いグラスで。またはサラダを見た目も涼やかなガラスボウルで。いそいそ手にした、まさにそのとき！

グラスの縁に汚れがぺったり。ボウルに指紋がべたべた。ぜんたいが曇っている。ようするに、前回使ったときの汚れがどんより残っている。

これはがっくりきます。せっかく清涼感を味わおうと思ったのに、のっけからはしごをはずされて意気消沈。

目のまえの相手が身内なら「おっとシツレイ」。そそくさと引ったくって取り繕うところだが、お客の場合ならそうもいかない。「さあどうぞ」と差し出したグラスをかざしたとたん、中途はんぱにくすんださまが透けて見えた日には動転してあたふた、穴があったら入ってしまいたい。神さまはどうしてこんな残酷な仕打ちをするのかとしょぼくれる。詰めが甘かったのは自分なのに。

使い終わりは、すでに使い始めと知るべし。

ガラスのうつわやグラスの扱いにおいては、どうやらこれが定理のようである。もちろんそれを証明しているのは、自分の悲惨な失敗と赤っ恥なのだけれど。

幸田文が父、露伴から叩きこまれた掃除を語る一文にこんなくだりがある。

「雑巾は自分の手に合う大きさに作る。そうすれば雑巾は、端ばしまで手の神経のままに自由に使いこなせる。手をはみだすような雑巾の、はみだした部分は雑巾とはいえぬいわば余計ものであり、単なるぼろきれであり、これが勝手に塵よごれを引き摺《ず》って、壁や建具に雑巾摺をつくるから駄目。」(『幸田文しつけ帖』平凡社)

しかも糸で刺した雑巾はかえって不潔、ぼろ切れに丹念な針仕事をほどこすなど時間も労力もむだ、と容赦がない。

ではガラスを拭く布の場合はどうだろう。わたしの拙《つたな》い経験からいえば、毛羽だちのない麻布にかぎる。大きさは、雑巾が掌にすっぽりおさまるのをよしとするならば、ガラス拭きにはその逆。指が直接触れないよう、長くて大きな布が絶好。布のうえから手を動かせば、最後まで手の脂や指紋がつかずにすむ。

布はつねに一方へ動かし、残っている汚れやくすみをこそげながら磨き上げるつもりでおこなう。ただなでるのでは意味をなさない。力の抜きかげんはガラスの薄さ厚さに応じて、指先で自在に調節する——とまあ、こんなところなのだが、露伴には「まだまだ。サルにも負ける」と一刀両断されるだろうか。

はて幸田露伴ならどのようにガラスのうつわを磨くだろう。教えを請うてみたい。

ビニール袋
空気を出して、口を縛る

あたし、コーヒーだけはだめ。からだにこたえるからぜったいだめ。それが口ぐせだったのに、タマヨさんはマンデリンはミディアムローストがいちばんだの、キリマンジャロはタンザニアの豆に限るだの、しきりに講釈を垂れるようになった。ずいぶんな変身ぶりに驚いていたら、さいきん喫茶店の店主とつき合っているのだと、よそから聞いた。あのコーヒー嫌いはなんだったんだろう。ジムなんかばかばかしいと譲らなかった居酒屋の主人が、ちょっと見てよこれ、と作務衣の衿を広げ、胸の筋肉をぴくつかせてくれる。いやいいトレーナーに出会っちゃってさあ。なんだか得意げだ。あの運動嫌いはなんだったんだろう。

ええと、あれはいったい、なんだったのかしら。摩訶不思議なことはあれこれ起こるが、いちいち気にしていると身が持たない。へえ、ほお、まあ。素直に反応しているほうが疲れなくてすむ。

さて、わたしがいつだって無条件に感心するのはビニール袋です。ただの四角いそこいらのビニール袋だが、使うたび、へええ、あらまあ、毎度感心してしまう。

さっきまで缶箱に行儀よく整列していた到来物のせんべい。図体がどうにもでかくてじゃまなので、せんべいだけ取り出してビニール袋に移し、きゅっと口を縛る。すると、さっきまでの容積はなんだったんだ。たちまち片手に収まって、小さくなってしまう。または、桐の化粧箱に詰め合わされた魚の粕漬け。ビニール袋に入れ替えて空気を追い出し、ぴちっと包み直せば文庫本二冊ぶんくらいに縮小するから、あっけない。

だから、スーパーで買い物をした日には避けては通れない儀式が控えている。つい今しがた買ってきた肉やら魚やら、白い発泡スチロールのトレイとラップフィルムをべりべり剝がし、舞台衣裳を脱がしてはそそくさとビニール袋に入れ替える。すると、さっきまでの嵩張《かさば》りがうそのように消え、ぱんぱんだった風船が一気に萎む。

すごい。ビニール袋の鮮やかなお手並に、ただただ感嘆する。ただし、ビニール袋はずいぶん無慈悲である。飾りもごまかしもいっさいきかない、その中に入れられてしまえばただの中身。身もふたもない、あっけらかんとした実質本意はいっそ爽快である。

だから、いかにもお利口なファスナーつきの保存袋より、わたしの好みにぴったりだ。サイズ違いのビニール袋を大中小、三種類も揃えておけば間然するところなし。とはいうものの、いつも感心してばかりでは癪に障る。わたしだって、やるときはやるのだ。たとえばこんなふうに。

よけいな空気が入らないよう、口をぎゅっと締めて括ってある。その結び目を必死で解いても意味がない。だって中身を出したら、捨ててしまうのだもの。そこで、結び目の下にはさみを入れてあっさり、ちょん切る。

れんこんややまいもを入れて、すりこぎでバシバシ叩く。いっさい外に飛び散らず、かたづけいらず。

魚のすり身を入れて縛り、隅を三角に切り落とす。鍋の上でぎゅうっと押し出せば、手も汚さず、きれいな摘み入れがすばやく一丁あがり。穴の開け方ひとつ、太さ細さは自由自在、極細の線もできる。

どうです、いかにもビニール袋を攻略している感じではあるまいか。「使いこなした」という逆転勝利感に浸れるところが、大満足である。

しかし、本人は悦に入っていても、ビニール袋はぶつくさつぶやいているにちがいない。なんだ、おすそ分けにひとさまに差し上げるときはファスナーつきのほうを使うくせに。あれはなんなんだ。かっこつけんなよ。

責められるとぐうの音も出ません。にんげん、きっちりスジを通すのがいちばんむずかしくて。

強火弱火

水分をどう残すか

「やだ、くすぐったいだけなんだけど」

弱火の上で、鍋が焦《じ》れている。

「乱暴はよして。うっとうしいんだけど」

強火の上で、鍋がむっとしている。

いったいどうすればいいのだ。

弱火と強火のあいだでおろおろ。「火加減」のむずかしさを、今さらながらに思い知る。そこへたたみかけて、まったく立場は違うというのに、弱火と強火は結託して同一見解をぶつけてくる——わかってないわね。

ますますへこんで意気消沈。まあどちらさまも穏便にと愛想笑いをしながら、中火でごまかすことにする。するとそのうち、またひと騒動起きてしまう。

火加減は果敢にいきたい。なりゆきでズルズル、これがいちばんよくない。確信犯の勢いがあってこそ、鍋の中身もついてきてくれる。

まずは弱火、強火。両者の持ち味をちゃんと把握すれば、こちらの立ち位置もおのずと決まる。そこがぐらつくから、弱火にも強火にも、ひいては中火にまでバカにされちゃうんですよ。まず相手を知らなければ。

弱火は、むやみに火が弱ければいいわけではない。では、なんのために。じくじくゆっくり熱を通すのは、鍋のなかの水分をできるかぎり失わないように。

強火は、むやみにごうごう火が強ければいいわけではない。では、なんのために。勢いをつけて熱を通すのは、鍋やフライパンのなかの水分を一気に飛ばしてしまいたいから。

つまり、こういうことだ。両極端に位置していながら、弱火と強火を結ぶ共通項は水分や汁気の塩梅。いってみれば、両者の目的は水気や汁気をどう残すか、なくすか。この一点に集約されている。だから、弱火をあなどってはいけません。遠慮がちに見えて、さにあらず。とろとろじわりじわり、まるで獲物を静かに追い詰めるように、鍋のなかを攻めてゆく。

いっぽうの強火、これはもうわかりやすい。ソレいけヤレいけ、お祭り騒ぎさながら。ジャーッ、バリバリ、ザザーッ、景気のいいお囃子に煽られて、たちまち水気は飛ぶわ油は跳ねるわ、醤油やみりんが香ばしく焦げるわ、とろっと煮詰まるわ、みるみる鍋のなかが大胆に変化を遂げる。

弱火、強火、どっちも果敢に攻撃を仕掛ける火なのです。そのぶん当然、結果にもメリハリが効いてくる。

ただし中火。これを軽んじてはいけない。中火は全方位方向といえば聞こえはいいが、攻めがない。だから、いつどんなときでも四方八方まるく収めておけば安心という逃げの姿勢をとっていると、泣きを見る。

とりあえず中火にしときゃいいだろう——それがまずいんだってば。「これでいくぞ！」という意志と展望に欠けている。そろりそろり様子見の結果では、おいしいものなんかできません。きっと、そもそも言葉がマズイのだ。中火といっても、じゃあどこが「中間」なのか。ひとによって、こっちからあっちまでの幅（許容範囲とか常識とか持てる力とか、そういうもの）はかなりちがうわけだから、「まんなか」の選定はばらばら。ずいぶん差が出てくるのは当然である。後ろ向きであればあるほど、よけい中庸に転んでしまう。

中火で間に合わせておくのは、そもそも火加減に対して失礼じゃないの。と、こういう結論が導き出されるわけです。両極端のふたつが采配できれば、しめたもの。攻撃と攻撃のあいだで中火が広く守備を引き受ける。きっちり責任を与えられれば、中火もがぜん張り切ります。

急須
理想の形を探す

「ソレハオマジナイデスカ?」

イギリス人のイアンに問われてぽかんとした。聞いてみると、こうつづける。

来日するたび不思議でしょうがないのです。日本人がお茶を淹れるとき、注ぐ前に急須をくるっと回すでしょう。でもイギリスのティは、ポットを揺らすと苦みや渋みが出てしまうからタブーです。注ぐ途中に上げたり下げたり、茶碗に順繰りに注ぎ回したり。あのアクションには、いかなる意味が隠されているのか。それともなにかのまじない?

爆笑しかけて、ぎくり。「その根拠を詳細に述べよ」と迫られれば、「ええとたぶん……」。日本人の身にすっかりしみついた所作だけに、しどろもどろ。けれども、どこかでちゃんとわかっている。急須のかたちひとつ、扱いようひとつ、キレのよしあしひとつ、お茶のおいしさはがらりと変わる。これはもう絶対に変わる。

玉露をでかい急須で淹れれば湯ばかりたぷたぷして、茶葉がふっくら蒸れてくれない。とろんとまるい甘みも出てこない。または、いくら濃さを均《なら》すためとはいえ、勢いをつけて振り回してしまえば今度は苦くなる。または手入れが悪ければ、注ぎ口にヘドロのように茶葉の滓《かす》や茶渋が詰まるし、かといって陶器の急須を漂白剤に浸してしまえば、塩素がしみこんでお茶の味をぶち壊し。つまり、こういうことだ。たとえどんなに高価な茶葉を買っても、哀れ急須がお茶の味を踏みにじる場合がある——。

それを教えてくれたのも急須だった。たとえば、茶葉入れの網かごをすぽっと嵌めこむタイプの急須を使ったとき。茶葉を入れる。湯を注ぐ。ふたをする。急須を傾けてお茶を淹れる……。色も香りもぜんぜん出ていない。

訝しんで急須のなかをのぞきこみ、わわっとのけぞった。

(茶葉が半分しか湯に浸ってない……)

原因はこうだ。急須の容量が大きいのに、網かごが浅すぎるから湯が茶葉まで届いていない。いつも急須になみなみ湯を満たすとは限らないので。

または、急須の注ぎ口の内側にある茶漉しの穴。あれだって大モンダイだ。穴の数が少なくて、おまけに小さければたちまち詰まる。いくら傾けてもお茶は外に流れてこず、地団駄を踏む。

急須との相性がしっくり合わなければ、おいしいお茶にもありつけない。

そこで気にしたのが、常滑《とこなめ》焼の急須である。巷の噂に「酸化鉄を多く含む常滑の土はタンニンと反応して渋みをほどよく和らげ、まろやかな味わいにする」。なるほどそうか。勢いこんで探してみたものの、いざ目の前にしてみれば、剣玉みたいなあの長い取っ手がすこし苦手だった。片手でしっかり握りこむには、どうやら微妙に自分の手が小さい。そもそも突き出た一本が狭い収納棚を圧迫した。

もうひとつ、べつの必要も抱えていた。日本茶にも紅茶にもハーブティにも、なんにでも使えるオールマイティな急須がほしい。ジャパニーズスタイルの一本手の急須で紅茶を淹れるのは、さすがに違和感がある。さあ、どうする。

たっぷり十年近く試練を与えたあと、急須の神様はついにこちらを向いてほほえんだ。容量は番茶三杯分で大きさよし、取っ手はポット式で握り具合よし、キレよし、ふたが大きくて洗いやすさよし。茶葉の詰まりなし。もちろんどんなお茶もこなせる――どんぴしゃり、ついにわたしにとっての理想の急須に合いました。

なにもとくべつ回さなくても、意味ありげに上げたり下げたりしなくても。よい急須、気の合う急須には、すでにお茶の味を引き上げるおまじないのちからがある。お茶の国の住人イアンなら、そこんとこ、わかってくれるのではないかしら。

うつわのふた
りっぱな役割がある

ハルさんはニューヨークに住んで十六年め、ベテランの同時通訳である。久しぶりに帰国したのでいっしょにおいしい懐石料理を食べようという話になった。

さすが日本の和食は素材からして違うとハルさんはしきりに感嘆しながら健啖ぶりをみせ、向付、お椀と進んだ。汁を啜りおえて貝の真薯《しんじょ》のお椀のふたを私が閉じたそのとき。

「そうかあ、そっちだったか！」

隣で膝を打ち、ハルさんはやおらふたを閉めた。なんなのやぶからぼうに。訝しむと、苦笑いしながら言うのである。

「ヨウコさんがふたをするのを待ってたの、真似しようと思って。だって、ふたは上向きか下向きか、閉じるときどっちが正しいか長年の謎だったのだもの」

ふたの内側を上向きにして被せれば、いかにも「終わりました」の合図みたいでわかりやすいから、そっちが正しいのかも。でもやっぱり違ってたのねと言う。

そうかあ。今度は私がうなる番だ。職業柄インターナショナルなプロトコルに精通しているハルさんも、和食となればにわかにまごつくとみえる。

「だって、お椀を開けたときからして、ふたの置き場所に自信ないもん」

右手で開けるなら自然に右奥あたり、じゃまにならない場所でいいみたいよ。そう答えると身を乗り出し、じゃあその場合も上向きなの、下向きにしてお盆みたいなアレの縁に掛けたりしないのと矢継ぎばやの質問を浴びせるのだった。

長年の外国暮らしでなくとも、たしかにふたの扱いはそれなりにめんどうだ。たとえ日本で暮らしていても、家庭の食卓でふたつきのお椀や折敷《おしき》を使うことはそうあるものではない。まして「ふたの正しい扱い」ともなれば。

じゃあ、ふたが特別なものかといわれれば、いえこれがちっとも。

ふたがひと働きするのが、じつは丼ものである。たとえば天丼、うな丼、親子丼。庶民の味方、ざっかけない丼ものはふたで最後のおいしさが決まる。ごはんを丼によそい、海老の天ぷらやらかき揚げやらのせ、たれを回しかけ、そこへふたを被せる。二十秒、三十秒。客の前へ運ばれるまで、こもった熱い蒸気で内側がちょうどいい塩梅にじわあっと蒸らされる。つまり、丼ぜんたいがしっくりひとつにまとまるのだ。ふたは、「蒸らし道具」としてのりっぱな役割を担っており、さらには上向いて置けば、当座の海老の尻尾入れにもなってくれる。

さあ、「蒸らし道具」までくればもうひと押し。じつは、ふたは「うつわ」にもなります。

食器棚のなかに五客揃いのふたつきの漆の椀がある。これ、いいな。買おうとしたとき私は迷いに迷った。ふたつきなんて大仰ではないかしら。だって丼もの以外に、わざわざふたをして食卓に並べる料理を家でつくるだろうか。

否。くやしいが買うのは断念だ。

（ちょっと待った！）

未練がましく店を去った二日後。もうひとりの自分がけたたましくホイッスルを鳴らした。

（もしかしたら、ふただってうつわとして使っていいのじゃあないか）

そもそも揃いなのだ。椀とひと揃いの皿として活用すれば一石二鳥、がぜん食卓もととのって映る。さらには思いきりよく、いっそばらばらに使ってみてはどうだろう。ふたの用途は無限に広がるじゃあないの。

自立の道さえ見つければ自信もついて独立独歩。食器棚のなかで長年くすぶっていた手持ちのふたまでぴかぴか輝きはじめた。あとはもう胸を張って社会進出。使い手の裁量ひとつ、腰の据わった見立てならば、和のうつわはある意味なんでもありである。

日本酒を注ぎ合いながらそんな「ふたの出世話」を披露したら、はあぁとハルさんは大きなため息をついた。

「だからそのぶんおもしろくもあり、やっかいでもあるのよね日本文化というものは」

お重
フードコンテナーの殿様

「重箱の隅をつつくみたいな言いかた、しないでくださいよ」

そう言われると、むしろこっちがばつの悪い気分を味わう。

ただ腹を立てられれば、互いに緊張する。ところが「重箱の隅をつつく」と言われれば、とたんに相手の側に幅が出る。こっちが勝手にひとりずもうをして、やいのやいの騒いでいる構図になってしまい、「あら狭量だったかしら」とひそかに反省するはめに陥ったりもする。

それは、重箱という言葉のせいだ。重箱は、中身が入っていてもいなくても、悠々としてたっぷり感がある。すでに余裕があるのだ。

重箱はそもそも食べものを詰めて持ち運ぶための道具だった。江戸時代は、りっぱな蒔絵の重箱にご馳走を詰めて豪商が花見に興じたり、武将が狩りの遠出に携えたりもした。何段も積み重ねれば、そのぶん贅沢の誇示にもなる。

だからだろうか、重箱にはそんなつもりはなくても、相手をたじたじとさせてしまうところがある。むやみに恐がらせ、結果、敬遠されがち。

もちろん、わたしもおなじだった。こどものころ重箱と対面するのは、決まって春と新年。そういうことになっていた。春は雛祭りのちらし寿司。新年はおせち。そのあいだに祝いごとがあれば、お赤飯。どのみち重箱が棚の奥からうやうやしく取り出されれば、あたりには粛々とした空気が生まれた。

重箱の存在感は圧倒的だった。その四角い緊張感はしだいに家のなかに伝播していき、高揚させる。春さきの雛祭りの気分。めでたい正月の気分。お祝いのうれしい気分。漆の光沢ともあいまって、家のなかにいつもと違う空気がぴんと漲った。

つまり重箱は非日常の主役なのだった。

けれども、すっかりおとなになったというのに、いまだ殿にひれ伏しっぱなしでは癪に障る。どうにか重箱との距離を縮めたい。できればなかよくなってみたい。にじり寄るタイミングを虎視眈々と狙いつづけて数年め。あれは会津の山あいの家だった。おじゃまするなり、おばあちゃんが重そうに二段重を運んできて置いた。ただの来客になにごとだろう。

「お茶請けにあがってって。ちょうど昨日たんとつくったもんでね」

ふたを開けると、一段めはあんころ餅、二段めはきなこ餅。会津塗りの重箱のなかでのんびり肩を並べていた。

なるほど、重箱は機能的な収納箱なのだ。餅菓子やおはぎ、和菓子、寿司……冷蔵庫に入れれば硬くなる。ところが漆の重箱を使えば乾燥せず、しかも容量たっぷり。年季の入った重箱のふだん使いに、目を開かされた。

いったん垣根がはずれると、だんだん遠慮がいらなくなる。和菓子どころか、サンドウィッチにもぴったり。ふたを閉めればパンが乾かないから、ラップをぺろりとかける必要もない。そのうえ重箱はむだを省く道具にもなる。たとえば鮨を注文するとき、重箱を風呂敷で包んで鮨屋に持っていき、そのまま預けて盛りこんでもらったりもできる。

大発見がひとつ。お客のあるとき、重箱の活躍ぶりは手を合わせて拝みたくなるほどありがたい。出したいものをあれこれ盛りこんでおけば、あとは出すだけ、いっさい手間いらず。ようするにほら、おせちスタイルです。しかも和洋を問わない。チーズでもオリーブでもチョコレートでも、なんでも。

ただの四角い箱と思えばいいわけね。ここまで来るのにほんとうに長かった。

しかし、じつはほんとうに圧倒されるのはその先だ。ふだんいなり寿司やらだんごやら気の抜けたものばかり詰めていても、おせち、ちらし寿司、赤飯、いざというとき重箱は一座の主役を張る。

なにかこう、殿様のようにどおんとするのである。

冷蔵庫
スローガンは「スカスカ」

その四角い箱はブラックホールに通じている。

確信がある。そうでなければ、なぜ、遥か一万光年の彼方に消え失せていたチーズのかけらや奈良漬けが、ある日突然すがたを現すのだ。

または、こっそり隠し持っていたとっておきのからすみなのに、惜しくてたまらなかった雲丹《うに》なのに、いくら捜索しても行方が知れないのはどうしたわけだ。もったいなさすぎて棚の隅っこにうやうやしく奉っていた上海土産の金華ハムときたら、いつのまにか微妙に変色しているのは理不尽じゃあないか。

あの四角い箱がまちがいなくブラックホールの入りぐちだからなのだ。そんな恐ろしい出来事が平気で起こるのは。

けれども、合点のいかない珍事にこれ以上つきあうのは御免被る。だいいち、いつか自分自身があのブラックホールにすぽっと吸いこまれてしまわない保証はどこにもない。心機一転、いいかげん巻き返しにかからなければ。

――こうして十五年ぶり、冷蔵庫が新しくなった。朝っぱらから暑苦しい八月初めのことである。

その日を思い起こすと、頭痛がする。選手交代にともない、旧型の大掃除にかかったわけです。するとどうだ。行方知れずだったはずのからすみが、雲丹がひょっこりすがたを現すわ、ないはずのジャムの瓶がなぜか現れるわ、ブラックホールから奇跡の生還、続々。いやもう屈辱と後悔と反省と、ようするにうしろ向きのフレーズのオンパレードだ。開き直るには現実が厳しすぎて、人間やめたくなりました。

しかし、ここで挫折してはもっとくやしい。いざ、土性骨据えて再出発である。

選手交代したのは幅わずか六十センチ、なのに容量三九五リットルのスグレもの。容量をおおきくする手もあったが、いいや、またぞろブラックホールに育ってしまわないとも限らない。コンパクトに、シンプルに、できるなら荷物を抱えこまず、この先もっと身軽にいきたい、台所も。だから、スローガンはこれだ。

「スカスカ」

少し中身を移動させるだけで、すーっと棚を拭いて掃除ができる――なにしろこれが長年の夢だった。いまこそ実現のときではないか。

上段は調味料。中段は保存のおかず。下段は味噌やヨーグルト、チーズ、梅干しなど毎日の必需品。それぞれ居場所を定め、一定以上のものは入れない、買わない。これでいく。

それから二か月が過ぎた。でかい箱をすっかり新しくした効果はさすが絶大。気分一新、「スカスカ」が日々更新されておりまして、こんなめでたい話はない。

買ったら、食べる。

消費してから、買う。

ただし、保存のちいさなおかずは三種類か四種類、いつでも目の位置に見える中段に並べておく。それを、忙しいときや台所に立つのがめんどうなとき頼ってこころ強い援軍にする。

なんということもない「決めごと」なのだが、四角い箱のなかがすっきりさっぱり、空気が通る様子にせいせいとする。これですよ、これこれ。ようやっと手にした風通しのよさに、ほっとひと心地がついた気分。

けれども、わたしはうすうす知っている。ちょっと気を抜けば、ブラックホールは再びすがたを現す。

「お呼びですかあ。いつでも異次元の世界にお連れしますよう」

その証拠に、ふと野菜室の奥をのぞいたら、とっくの昔に使い終えたと思っていたしその葉っぱがへろんと情けなさそうに顔をのぞかせている。

ひひひ。冷気の向こうからふくみ笑いが聞こえたような。

ごみ
可燃と不燃のはざま

ついさっきまでは一個のりんごだったのだ。ああそれなのに……。

皮をむいた瞬間、それはごみと呼ばれる。ほんの三十秒まえはりっぱなりんごの一部だったのに、むりやり引き剝がされたとたん、異議申し立ての猶予も与えられないまま、ごみ。ジェットコースターに乗ったような急展開だ。容赦なく皮をむいたのはこの自分なのに、申しわけない思いに駆られ、にょろにょろへたりこんでいる赤い皮を呆然として見つめる。

ひとつの全体だったときは、ごみではなかった。喜ばれたり、貴重だったり、うれしがられたり、ことによってはぎゅっと抱きしめられたりしたことさえあるだろう。ところが、状況が進展して、あるとき一部にさせられ、ぴしゃりと打ち捨てられる。ごみとなって悲哀を背負わせられる。不憫である。

ところが、どうやら事態はもっと混迷している。

たとえば東京・杉並区では、去年に区役所からこんな通達が舞いこんだ。

【プラスティック類が「資源ごみ」から「可燃ごみ」になります。資源になる「プラマーク」が

ついているプラスティック製品でも、汚れていたり油がついていたりするものは、「可燃ごみ」に出してください】

えっ、えっ。動揺して目が泳ぐ。「資源ごみ」に出すつもりだったこのプラスティックの仕切りトレイ、けっこう黒ずんでいるけど、これは汚れているのか、そうじゃないのか。自己判断を迫られ、ごみを握りしめたまま呆然と立ち尽くす。

または、こういうの。

【ゴム・皮革製品については「可燃ごみ」になります】

えっ、えっ。これまで長年、靴とかバッグとか皮革はちゃんと「不燃ごみ」に分別しろって言い続けてたよね？「燃えません」と断固拒否していたのに、「今日から燃えます」という。

ようするに、焼却炉の種類や規模が違えば、「可燃ごみ」と「不燃ごみ」の線引きも違ってくるらしいのだが、そこのところを詳細に説明してくれないと。昨日までだめだったものが、今日から突然だめじゃなくなる。頭がついてゆかない。それどころか、「結局どっちなの」。ふて腐れたくなってしまう。

諸々の問題を解決するには、できるだけごみを出さない。これに尽きる。

買い物をした先で、いちいち包んでもらわない。レジ袋は使わない。包装紙や紙袋もできるだけ利用しない。たったこれだけでも、ごみの嵩《かさ》はずいぶん減る。昨今は「エコバッグ」などと呼ぶけれど、なにも大上段に「エコ」と構えなくても、自分で自分の買い物かごや袋を持てばいいだけの話だ。少なくとも、つい数十年まえまではそうだった。

着古したTシャツとかシーツとかタオルとか、小さく切って雑巾にしたりもする。あれこれ工夫しているつもりなのだが、それでもやっぱりごみは出る。収集日ごと、ぱんぱんにふくらんだごみ袋を眺めて自分の無力ぶり無能さを思い知って、嘆息する。

しばらくまえ、ついに画面が映らなくなったテレビを買い換えた。

「古い製品を捨てる場合、引き取りに四千五百円かかります」

家電製品を買うのは久しぶりだったから、レジでぎょっとした。そうか、ごみにもお金はかかっているのだ！

かつてごみではなかったものを、諸般の事情で泣く泣くごみにしてしまう。許せ、人生そんなこともある。ならばその先を行こう。

「この野菜、コンポストでつくった肥料で育てたの。けっこういい味」

そんなふうに聞くと、がぜんヤル気になる。一発大逆転、ごみがごみでなくなる法はきっといっぱいあるに違いない。手を伸ばした洗剤をあわててしまい、さっき捨てかけたレモンの皮でシンクを磨いてみたりする。

新聞紙
そそくさとは捨てられない

「ワイン持ってきましたよ。ちょっといい赤、ブルゴーニュの」

晩ごはんを食べにきたオザワくんが玄関で靴を脱ぎながら、長細い包みを差し出してきた。くるっと新聞紙で巻いて包んである。ずいぶん皺だらけなのは、わざと新聞紙をくしゃくしゃに丸めてからボトルを巻いたからだ。割れないように、新聞紙がちゃんとクッションに仕立ててある。

「おしゃれな英字新聞で包んであったら、あせるとこだった」

「そんなかっこわるいことしませんよ。でも俳壇・歌壇のページにしておきました」

「なんとこしゃくな」

軽口を叩きながら、感心していた。靴磨きや洗車も得意なオザワくん、さすがものの扱いに手慣れている。出がけにぱぱっと手近な新聞紙から抜き取った数枚でくるみ、そのまま小脇に抱えた様子が目に浮かぶ。男っぽいな。新聞紙一枚にぐっと反応するわたしだ。

かんがえてみると、男のひとが新聞紙をおおきく広げ、足なんか組んで、いかにも泰然自若とした様子で新聞を読むすがたにはちょっとじゃまのできない雰囲気がある。ほんとはそうでなくても、どっしり構えた頼りがいを勝手に感じてしまうのだ。そして読み終わったあとの新聞を床に置き、かがみこんでぱちんぱちん、のんきに足の爪でも切ってくれたら、ああもう……。

うっかり横道に逸れた。新聞紙は、読むだけでおしまいではありませんという話である。たとえば細く千切って玄関にばらまき、水を打ってから箒で掃き集めると、埃も立たずきれいに掃除ができる。窓ガラス拭きも、新聞紙は得意中の得意だ。ざっと水で濡らしてから窓ガラスを拭くと、インクの油分が功を奏してつるつるぴかぴか。

新聞紙はすごいなあ。初めて実感した日のことを忘れない。マフラーを巻いた首をすくめて白い息を吐きながら、母から手渡された小銭を握りしめ、焼きいも屋に追いつく。

「焼きいも、ひとつください」

おじさんの軍手のまっ黒な指先がすばやく動き、取り出した焼きいもがすばやく新聞紙でくるまれる。小銭と交換して受け取ると、内側から伝わるほんのりしたぬくもり。来た道を戻りながら、そのぬくもりはしだいに強くなり、玄関に入るころにはじわっと熱い。いつのまにか新聞紙はしっとり湿っており、内側の焼きいもとも、外側の掌とも馴じみ合っている。最初はかさこそ乾いていたのに。

薄くて軽い。なのにずいぶん強い。逆さに読んでも、しんぶんし。一年三百六十五日雨ニモ負ケズ風ニモ負ケズ、着々淡々と暦を重ねてゆく新聞紙は、さすが筋金入りの強靭さ。それを我がもののように従えて悠々と広げてみせれば、どんなお父さんでも虎の威を借る狐、いや一丁前に男ぶりが上がるのは当然のことだろう。

だから、新聞紙はそそくさとは捨てられない。いつか大事な記事を読み直したいから、と部屋のすみに数年分の新聞紙を山積みにしている知人がいるけれど、それとはぜんぜん違う。読むのではない。使うのである。

ことに台所での頼りがいといったら、ない。牛乳パックのなかに畳んで入れ、油を捨てるときの吸収材にする。揚げものや天ぷらのとき、「あー貧乏くさい」と舌打ちしながらも、惜しげがないから油切りにどしどし使う。魚を下ろすときは新聞紙を重ねて広げておけば臭いもつかず、始末もよい。ごぼう、にんじん、じゃがいも、白菜……くるりと包むだけで乾燥せず、適度な湿気に守られて日持ちのいいこと。

ああそうだった、と思い出す。野宿のとき、いちばんの保温道具は新聞紙だという。じっさい野宿したことはないくせに、そりゃもう間違いないと太鼓判を押したくなる。

食器の数

敵はわがこころのなかにあり

「やっぱり持ちたいのは応量器です」などというつくしげな結論は、このさい引っこめておきたい。ちなみに応量器は禅宗の僧が使う塗椀で、おなじかたちの大小が入れ子になっている。つまり、全部をひとつに収納できる優れもので、日々の食事のすべてを応量器で賄えるすこぶるつきの始末のよさ。

しかし、その境地に到達するまでが一大事。さっさと行き着けるなら世話はないのです。きれいさっぱり、容量違いの食器がたった五つ……ああ、憧れてしまう。わたしにも、いつか煩悩から解放される日が訪れるのだろうか。いや、永遠に食器の大山小山を背負って暮らすのではないか。そんな予感に脅えるからこそ、あっさり「応量器」を持ち出すのはルール違反かな、とも思うわけです。

さて、食器の数をかんがえるとき、立ちはだかる命題はふたつ。

「いるのか、いらないのか」

「いるなら、その数は」

ごく単純な話なのだが、しかしハードルはそうとう高い。ここでつまずくと食器の数だけ無用に増えてますます状況は混迷してしまう。

いるのか、いらないのか、それが問題だ。この命題は、まずこう解いておきたい。

「飯椀、汁椀、六寸皿。まずこの三つさえ人数分あれば、日本人ならなんとでもなる」

汁椀は小丼にも小鉢にも代用できる。六寸皿は直径約十八センチ、たいていのおかずが盛れる。新しく家庭を持つからゼロから揃え直してスタートしたいという向きにも、まずは「この三種類を人数分」と助言したい。

すると、遠慮がちに聞いてくるひとがあった。

（あのう、数はきっちり人数分でいいのでしょうか）

もしお客が来たら。もし将来こどもが増えたら。そういうときのために、多めに揃えておかないと、あとであわてませんか。

しかし、お客など、いつ何人来るかわからない。人生設計だって思惑通りには進まない。転ばぬ先の杖を持つなら、せいぜい「人数分＋1」または予算と収納状況に合わせて、「人数分＋2」。準備というより、うっかり割れたり破損したりしたときの補充分とかんがえれば、気がらくになるのではないか。

用心すべきは、行き当たりばったり。衝動の赴くまま買い集めていると、早々に食器棚は破綻する。たくさん持っていても、日常的に使う食器はだいたいおなじ。洋服の状況と似てますね。あれこれ持っていても、袖を通す服は決まってしまうものだから。

けっきょく、取捨選択の基準をつけられるのは自分しかいないのだ。うどんやそばに目がないとくれば、やっぱり丼鉢がいるだろう。ちまちま酒肴を並べた晩酌が生き甲斐となれば、小皿や豆皿が欠かせない。お客がしじゅう集まるなら、どかんと盛れる大皿がやっぱり便利だ。食器の種類と数は、ようするに自分の食卓と暮らしぶりの鏡にほかならない。

その意味では、わたしゃごはんを食べません、というひとには飯椀は無用の長物。だから、れいの三種類が揃っていなくても、恥ずかしいわけでも、引け目をかんじる必要があるわけでもない。食器の種類と数に理想などないのだから。

ただ、むだは省きたいから、それなりに自分の筋道はつけてみたい。振り返ってみればこの三十年、ずいぶん食器を整理してきた。おおくはよそにもらわれていったが、元気にやっているのだろうか。それでもやっぱりあらたな出合いがあればつい興奮したりもして、食器棚の内実は早朝の通勤電車のラッシュ並み。

ここまできて、はっとする。敵はわがこころのなかにあり。行く手を阻むのは、ほかでもない「愛着」と「執着」。食器とはいえ、けっきょくは自分自身との戦いなのだった。応量器など夢のまた夢。

初出　「ｄａｎｃｙｕ」（プレジデント社）二〇〇六年三月号〜二〇一〇年四月号

日常の贅沢について

いいのかなあこんな贅沢しちゃって。

こっそり胸のうちでつぶやくとき、さらに贅沢の深度は掘り下げられる。目のまえに贅沢の兆しを見つけ、逃すまいと握って自分に向けて差し出し、謳歌しにかかる。贅沢というものは、摑まえたり膨らませたり、つまりつくりだすもののようである。

だから、けっきょくなんでも構わない。今日だって、そうだった。気に入りの靴のソールがすり減ってしまい、この二カ月ほど直してもらいに行かなければと気にかかりながら仕事が立てこんで、わざわざ電車を乗り継いで店に出かける時間が見つからなかった。しかし、忙しさを理由にいつまでもいじいじしているのが嫌になり、雑事を振り切ってえいやと出かけることにした。ところが駅に着いて歩きはじめると、梅雨の晴れ間のすこーんと抜けた青空をまっ白な綿雲が心地よさげにたくさん泳いでおり、靴を入れた袋をぶら提げて眺めながら、ひとり沸いた。いいのかなあこんな贅沢しちゃって。靴を修理してもらうためだけに平日の昼下がり、すきな町に降り立って歩いている。そうしたら、いつのまにか手持ちの時間が贅沢なものにすり替わっているのだった。

たとえばそんな気分の一端を「鰻にでもする？」の表題にこめた。いましも贅沢を手に入れるときの晴れやかさ、享受するまぎわの興奮、控えめなのにじつは果敢で誇らしげ、さまざまに明るい空気がこの言いようにはこもっている。好もしい日常の言葉だなあと思う。こういう些細なよろこびの堆積が日常の土台ではないか。ちいさなことにくよくよしても、いいのかなあこんな贅沢しちゃって、と折々につぶやいていればなんとかなる、どうにか生きていけると思うのだ、本気で。

鰻の蒲焼きとか、旅先のカップ酒とか、トーストの焼き網とか、いちいちおおいに反応してよろこんでいる。なんだかな、ずいぶんわたしおめでたいなあ、と思う。でも、それでいいじゃないか、長いか短いかわからないジンセイそんなふうでどうにかなるんじゃないか、とも思う。二〇〇二年にはじまった「ｄａｎｃｙｕ」の連載エッセイが、神田久幸さん、渡辺菜々緒さんから杉下春子さんに引き継がれて担当編集者の方々に支えられながら百回を超えた。現編集長、町田成一さんにも心から感謝を申し上げたい。また、各回のテーマを的確に写真表現してくださる日置武晴さん、画を添えてくださっている吉富貴子さんにも、あらためて敬意を表したい。単行本化にあたっては、グラフィックデザイナー有山達也さん、「筑摩書房」鶴見智佳子さんにたいへんお世話になった。さまざまな方々のお力があって前作『買えない味』の続編が生まれた。ありがとうございました。

鰻がとびきりおいしい季節に

著者

平松洋子（ひらまつ・ようこ）

エッセイスト。

東京女子大学卒業後、アジアを中心とした国内外の料理や食、生活文化を中心に取材、執筆を行っている。

著書に『よい香りのする皿』（講談社）『夜中にジャムを煮る』（新潮社）『忙しい日でも、おなかは空く。』（日本経済新聞出版社）『おんなのひとりごはん』（筑摩書房）『焼き餃子と名画座　わたしの東京味歩き』（アスペクト）他多数。

『買えない味』（筑摩書房）で第16回Bunkamuraドゥマゴ文学賞を受賞。

鰻《うなぎ》にでもする？

２０１０年８月25日　第１刷発行

著　者　平松洋子
発行者　菊池明郎
発行所　株式会社筑摩書房
東京都台東区蔵前２−５−３　〒111−8755
振替 00160−8−4123
印　刷　株式会社精興社
製　本　牧製本印刷株式会社

ISBN978-4-480-87826-7　C0095
JASRAC　出 1009479-001

乱丁・落丁本の場合は、お手数ですが左記にご送付ください。
送料小社負担にてお取替えいたします。
ご注文・お問い合わせも左記へお願いします。
〒331-8507 さいたま市北区櫛引町２−６０４
筑摩書房サービスセンター
電話 048-651-0053